THE SUPER AGED

迎接超高齡

熟齡人生幸福提案

周傳久——著
Bishop Chuan chiu Chou

國家圖書館出版品預行編目（CIP）資料

迎接超高齡：熟齡人生幸福提案／周傳久著. --
初版. -- 高雄市：巨流圖書股份有限公司，
2021.03
面；　公分
ISBN 978-957-732-602-7（平裝）

1. 老年 2. 生活指導 3. 老人福利

544.8　　109018031

迎接超高齡
熟齡人生幸福提案

著　　者　周傳久
責任編輯　林瑜璇
封面設計　Lucas

發 行 人　楊曉華
總 編 輯　蔡國彬

出　　版　巨流圖書股份有限公司
802019 高雄市苓雅區五福一路 57 號 2 樓之 2
電話：07-2265267
傳真：07-2264697
e-mail: chuliu@liwen.com.tw
網址：http://www.liwen.com.tw

編 輯 部　100003 臺北市中正區重慶南路一段 57 號 10 樓之 12
電話：02-29222396
傳真：02-29220464

郵撥帳號　01002323 巨流圖書股份有限公司
購書專線　07-2265267 轉 236

法律顧問　林廷隆律師
電話：02-29658212

出版登記證　局版台業字第 1045 號

ISBN 978-957-732-602-7（平裝）
初版一刷・2021 年 3 月

定價：500 元

推薦序

（依姓氏筆畫順序排列）

好的長照服務不只看技術，保有尊嚴的生活互動才是根本

弘道老人福利基金會研發處長照組專員　李惠美

曾經有位接受居家服務的男性長輩，在同事的眼裡是一位脾氣差、規定多的「VIP個案」，但幾次聊天才知道，原先是職場大老闆的他，突如其來的中風失去了掌控生活的能力，崇高的自尊不僅得拋下，看不到盡頭的失能情況也讓他害怕，擔心要讓人把屎把尿一生，於是發脾氣懊惱自己的無能為力，對照顧服務員訂下一堆規矩，看似處處刁難，只是想奪回生活主宰的感受。

「得到別人的尊敬不只在技術的成熟，而是讓被照顧者感覺自己仍是個有尊嚴的人」，是這本書裡讓我很有感的其中一段話，過去照顧服務多把焦點放在「要幫助什麼」而忽略

「可參與什麼」，這個互動讓使用者對於照顧服務員的印象歸類於來幫忙洗澡或做家事的人，長照2.0上路後，政府極力推動生活復能，重要的前提是找到被服務者的動機，並賦予生活決定的機會，但實際上對於許多長照實務者來說反而是最挑戰的事！

周老師在書中透過許多臺灣經驗與國外發展模式，詳細整理出以人為本該有的互動態度與觀察，如果您正在思索長照產業仍有什麼發展機會，不妨先回到根本問自己：「期待什麼樣的老後生活與環境？怎麼適應與過往不一樣的稱呼？什麼樣的相處與對話讓我覺得自在？」，這是一本不分專業、不分領域，都非常值得反覆閱讀的好書，也誠摯推薦給大家！

飛向宇宙，浩瀚無垠！

澎湖縣政府衛生局技士　林秀蓉

活到半百了，從未想過會有機會為自己欣賞的作者寫序，畢竟，敝人在下只是默默無聞的基層工作者。第一次邀請周老師到澎湖帶領工作坊，是為了培訓縣內有心合作推動失智友善社區的夥伴，過程中見識到周老師的犀利與挑戰傳統制式化的功力，卻展現出超級親和力、敏銳的觀察力以及異於常人的思維。正如他在這本書中提出許多反思的觀點，當我們正沉浸在失智餐廳送錯菜的創意氛圍中，書中卻提出更多不同觀點，引導我們思考所服務的長者真正的需求為何？融合國內外經驗，以更廣闊的視野帶我們一覽超高齡優質照顧的可能性。

感謝周老師讓我為新書寫序，拜讀這本嘔心瀝血的作品時，不斷激發太多靈感與感動，跳脫既有的框框，創意無限。

為尋找所有弱勢人士尊嚴報導

德山大學經濟學院教授．綜合研究所長　紙矢健治

周傳久博士為一位在臺灣代表福祉報導的專家，健治認識周博士已經過十七年多歲月。周博士採訪的國家非常多，從高福祉北歐各國到全歐洲、中東、非洲、美國等。周博士受獎好幾項國家最高的獎項。健治兒子是重度自閉症，健治過去二十年來每天面對這個現實問題。周博士以報導記者的視野客觀的採訪十年。其實，健治本身自己也沒有記得那麼清楚，但周博士採訪健治兒子時擁有一貫性的理念。健治前幾年看到自己十年的歷程時才知道。周博士來第四次時，本地電視台採訪周博士。那時候日本 KRY 山口電視公司主播國本泰功先生報導說「他採訪的理念是尋找受福祉的所有人士的尊嚴」。健治也贊同國本先生的看法。當然周博士是在臺灣最優秀的報導福祉的人士，但是，最令人感動的就是周博士這三十年來尋找社會裡所有人士也涵蓋身心障礙人士、高齡人士及在困境裡的「無法發出聲音的所有弱勢的尊嚴」。健治欣佩周博士的責任感及他的愛心。我們日本也要學習周博士的採訪理念。

提升身心靈照顧的實務工具書，深植我心

現任：智善長照股份有限公司總經理
前金門縣長期照顧管理中心 照管督導
前屏東縣長期照顧管理中心 照管專員
張玉婷

從出生到老年，你我都必須經歷、面對照顧的議題！不論政策或口號都強調要滿足身、心、靈需求的照護。然而，面對眼前臺灣的照顧模式，僅停留於身體照顧，尚未達到「心、靈」的層級，其中牽涉最重要的因素是人員涵養素質與照顧服務素養。擬定倡議政策的立法委員、勞動部、教育部、衛福部官員與地方主管機關人員若能仔細閱讀，相信會貫通中央山脈與偏遠鄉鎮及離島的照顧服務。

書籍內容以四階段六十三項主題，從他國對應本國的照顧政策價值、連續預防、服務開發、人員養成到舒適照護、遺品處理的執行現況。整本書籍在字裡行間傳遞的思維、觀念、做法，書籍內容刺激我在閱讀中不斷地思維、咀嚼，在閱讀完這本書籍後，我預見照顧模式邁向心、靈的層級及逐步落實提升照顧服務品質的機會與曙光。

我國自二〇一八年開始執行長照給付及支付制度，刪去以前服務鐘點費的補助模式，

改以服務項目計價，希望從中提升照顧服務員的服務尊嚴與服務價值；歷經兩年多來長照政策在滾動式修改中，國家大量投入經費，雖有少部分優質照顧服務人才，但卻仍有多數仍待改進的服務品質及仍待提升的人員素質。文中有一段話非常值得省思，「若重視專業、若真的看重人的價值，會有放下身段的想法嗎？」照顧服務從訪視過程的觀察、評估、溝通、討論、共識、決策，到服務紀錄的核銷，地方主管機關人員常以科層架構、監督制度思維，先入為主的對民間機構、服務提供者有防大野狼的心態進行對話，讓民眾、服務提供單位有很多的不舒服。

二〇一九年我參加照顧服務員課程並參加南部、北部照服員單一級證照考試，過程中看見住宿式照顧機構裡因應服務人力比白天班非常忙碌，鼻胃管灌食不到十分鐘就完成500CC，我的內心吶喊著：「我不要我的人生餘命是這樣度過的，我不要呀！」；也發現照服員單一級證照考試術科在南部、北部的考試規則不同，實在讓人匪夷所思相同政策下執行面的落差，而影響的是誰？

作者親赴歐美亞洲國家採訪當地長照服務的產官學實況，更親自投入照顧服務員工作，感同身受照顧者與被照顧者。為高齡就業政策，作者親到臺南有機農田體驗高齡者在溫室裡採收蔬菜的一日過程，隔天在家出門在電梯前感覺左手無力，左腳也無力，為此復健治療三個月，相信更能深入體會接受照顧者的心境與對接受服務的期待。

書籍第一階段：善用媒體提及在民主社會國家，媒體擁有影響決策及參與資訊基礎，怎樣引導、影響民眾對社會有幸福觀感、安全感，是國家的責任，專業媒體應該慎重維持可信度，提供民眾正確、正向的訊息功能。回想過去在社區裡與長輩們接觸，會看見、聽見老人們彼此在分享：「我今天去三家醫院，先去○○醫院看神經內科，拿五大包藥；再去○○○○醫院看骨科，拿六大包藥；下午再去○○醫院看精神科，拿四大包藥」。

另一位老人說：「唉呀，你看的那幾家醫院，我都去過了，吃那些藥都沒用啦；我現在吃廣播電台介紹的藥，反而比較有效，改善我的疼痛與睡眠問題……」

過了一年多，再遇見老人已經開始洗腎，苦著臉說：「被藥物所害」。

臺灣社會的民主自由，媒體多元的發展報導，如何讓民眾、照顧者、長照專業人力可以透過媒體獲得健康、衛生觀念並從中有正確的照顧觀念？文中提及教育訓練養成，如下水道工程，不容易表面討好，卻是非常重要的基礎建設。國家基礎教育反映政策執行價值，反思臺灣公民素養如何？還記得幼稚園時，我們要攜帶手帕、衛生紙上學；國小時要讀公民道德，媒體宣導衛生教育，這些無非都是從小建立公民素養的基礎。然而，時代變遷科技日益發達，人民素養相異薄弱，文中〈友善長照始於友善訪視〉主題，提及在建立服務制度的過程中，人員應彼此肯定價值，平等開放互動，才能建立友善服務的基礎。

書籍第二階段：新活躍老化談及如何以正向態度和創新思維，一起找出高齡者過去的經驗與價值，讓高齡人口延長就業並持續投入社會勞動人力，開發老人潛力，善用老人經驗，以往不存在但將來可能發生的工作模式。

面對臺灣社會少子化趨勢及高齡人口的增加，國家減少勞動人口下相對帶來經濟、稅收及福利推動的壓力。看見一些企業公司招募中高齡求職就業，工作環境裡青銀共事互動，不同世代的做事觀念與科技工具的使用，對於管理者確實是一種挑戰。非洲經濟學家Dambisa Moyo在《Dead Aid》寫道「The best time to plant a tree is 10 years ago.The second-best time is now.」，深層意義為種下理想和決心最好的時間是十年前，第二好的時間是現在。啟示我們不要被年齡和時間所拘束，追求夢想任何時間都不嫌晚，當下就可以準備。

如何讓高齡者維持與社會接觸或擴大社會參與，讓高齡者有機會自食其力及增進良好的生活品質，持續繳稅並一起推動國家經濟與福利，是眼前勞動部人力發展與教育部須一起合作的重要政策。

書籍第三階段：熟齡生活需要的支持與引導敘述作者在比利時老人護理照顧倫理尊嚴實驗室，實地體驗當地學生在協助沐浴過程中詢問其衣服要脫到什麼程度？要怎麼洗？水溫？是否要聽音樂？邀請老人一起溝通決定，讓老人有被在乎並覺得有尊嚴的想法。讓學生從實習中除了學習技術、輔具操作，更重視服務價值的思維，並從服務中的思辨產生創新。

二〇一七年政府開始推動延緩失能計畫，長照司、社家署、國建署分別運用經費執行活動方案與訓練指導員、協助員，帶來新活動體適能服務離島社區同一族群民眾，村落老人都被社區力邀拚出席人次，忙碌地直說：「這裡邀我去運動，那裡也要我去運動，我都跟不上運動啦，就去領獎品咩」。

直到二〇二〇年政策檢討並刪去少運用的活動方案，被刪除的活動方案指導員與協助員證書封存，持續存在的活動方案回訓費用由單位自訂。政策的執行是否有由下而上因地制宜的被瞭解而制定呢？

書籍第四階段：老年的身心輔導與調適近幾年我自己也在感受身體器官功能的退化，從腦力、眼睛、咀嚼吞嚥、肌力與排便等等。從出生的身體功能發展到中老年要面對不斷失去的歷程，尤其是當藥物無法解決身體的問題時，要如何調適自己或他人有身、心、靈的平衡持續生活呢？

最讓我嚮往的是書籍內容描述奧地利住宿式機構的共同營運特性就是住民想睡到幾點都可以，由老人決定何時洗澡、吃飯，讓老人都有家一樣自由的生活。反觀臺灣目前因應評鑑規範所做出來的照護模式與生活作息服務模式，還需要多少年你我能住在如家一般自由的機構裡？身為專業人員，面對所見不公義的現象，應要有批判思維及有智慧地去改善，去省思如何在提供服務中，讓人活出生活中的美好。

相信閱讀完這本書籍並有進行讀書會的照顧訓練，會逐步落實團體照顧品質「身、心、靈」的提升。怎樣引導、影響工作人員在提供服務時，讓服務對象有幸福感、安全感，是單位的責任，藉由這本非常實務的工具書籍，在閱讀中可以檢視自己的言行舉止思維，進而提升自己與他人的身、心、靈，讓自己及工作人員成為影響他人生命的專業工作者。

創新長照行動嚮導

衛福部南區老人之家主任　許慧麗

三年多前轉換職場到衛生福利部南區老人之家服務，近距離接觸機構式老人服務工作的初體驗，激發我想在傳統工作模式中找到創新服務的可能性，周老師的《北歐銀色新動力：重拾個人價值的高齡者照顧》，給了南老工作團隊創新啟發的指引，我們組成讀書會，透過每週閱讀讓夥伴看見照顧工作的服務價值與創新思維，更啟動團隊想要改變的動力，我們也邀請周老師到南老指導，從不同專業角度及文化切入找到老人照顧的新桃花源！南老也因此和周老師結下了照顧之緣，更切實支援南老引進國際視野，將比利時 23 ＋ 1 的照顧理念及挪威 VIPS 訓練模式帶進南老轉化照顧核心價值形成工作文化，讓照顧者看見服務人群的價值，也讓被照顧者找回存在的意義。

今很開心能拜讀周老師的最新創作，從文字中我又再次看見長照前瞻希望，也感佩周老師對迎接超高齡社會的超前部署遠見，從日本、北歐及以色列的高齡再就業的引述中驚艷高齡友善職場的生產力，此或可借鏡各執行單位讓臺灣二〇二〇年十二月四日剛施行的

《中高齡者及高齡者就業促進法》能掌握精髓更深入落實。在長照服務介紹中，從〈我們真懂得聽老人說話嗎？〉瞭解溝通的根本之道，也在長照人才培育重建照服員的自我想像中更清晰認知到更完備照服員養成的重要性，不論輔具互通、長照環境優化、居家服務效能、長照評鑑輔導等都是牽動著臺灣長照未來走向的重要觀點，每個議題的國內外服務制度介紹與討論和省思都非常具有參考價值。

面對即將到來超高齡社會，政府除了提高生育率、建構完善生養環境及強化勞動力結構加強育才與攬才，鼓勵中高齡就業，以充裕勞動力外，並持續充沛長照服務資源，落實社會住宅，建構青銀共居環境努力，尤其，人口結構的改變，正式照顧人力匱乏，如何強化非正式照顧人力，走入社區積極開發個人資源讓高齡者在共同陪伴下獨立自主到老，是美好且務實的擘畫。這些關注在周老師這本書中都能給我觸動，更燃起我對公立照顧機構在迎接下一波超高齡社會中應承擔的作為更有發想空間，期待照顧價值再翻轉，高齡社會更友善。

超高齡的未來如何更有價值

前私立惠明盲童育幼院院長　黃淑惠

認識傳久將近四十年，當年他還是大學生，寄宿在教會的宿舍。後來有一段滿長的時間，彼此沒有聯絡。幾年前有天，在公共電視頻道看到傳久製作的節目，驚喜不已！又過了一段日子，我們終於碰面了。此後我們見面時，總要抓住機會請教他有關老人照顧的議題。

幾十年前在我國從事身心障礙福利服務工作，大都是基督教會和天主教教會主辦，外國傳教士帶頭做。筆者離開學校後，跟隨外國來的宣教士從事社會工作，學習在工作上落實耶穌的教導，要「愛人如己」，「做在弟兄中最小的一個，就是做在主身上」。工作一開始，筆者拿著資料到鄉下尋找視障兒童，告知家長我們願意協助他們，免費照顧並教育看不見的孩子。家長面對陌生人，一定不會相信且堅決否認。經過幾次走訪，家長確定筆者不是販賣兒童的不法分子，才領進到屋裡，在黑暗的角落看到一個瘦弱、雙眼全盲，兩腿變形的小女生。這幕景象留在腦海裡幾十年了，久久無法忘懷。

過去幾十年我國的身心障礙福利服務，經政府與民間的共同努力，身心障礙者的就學、就養、就業和就醫各方面都有很大的成長。其間政府官員、專家學者、民間團體紛紛到外國考察，帶回新的觀念和做法，也引進新的輔具和設備。但是，有時忽略國情、文化、地理環境等因素，以致產生民怨、浪費資源等現象。政府社政和教育單位為提升教師和各類服務人員的服務品質，舉辦各種研習課程。這些知識和技能固然重要，但是缺乏對於服務者自信心的建立、培養同理心和憐憫心、職業價值等重要課題。以致於所學的，難以在職場上充分發揮。過去筆者為要機構同仁，用多一點仁慈的心對待看不見又不很聰明的院生，要他們眼睛帶上眼罩，體會在一片漆黑之下走動的感覺。體驗活動結束，個個表達心中的害怕，切身感覺看不見的困難，此後他們的態度不一樣了。服務身心障礙者與老人，兩者雖有差異，不變的是服務人員的心態，人是多樣且多變的，沒有任何SOP可用。唯有有耶穌僕人式的服務理念，愛對方像愛自己一樣的人，才能真正享受到服務別人的喜樂。

如今我國與許多歐美國家一樣，老年人口增加的速度比新生兒快，老人的照顧問題迫在眉睫。很多上了年紀的人已認清「養兒防老」的觀念已落伍了，老人家需要莊敬自強，盡力顧好自己。可是人老了，終究會有段時間需要他人的協助，那麼照顧人力從哪裡來？引進外傭？有人願意做，就萬事解決了嗎？

傳久十多年來走訪歐洲、中東以色列和亞洲國家，研究各國政府的老人福利措施，深入瞭解老人照顧機構的經營理念和實際行動。書中他指出環境的噪音，對老人的影響。筆者常去一家護理之家，探訪住在那裡的失智朋友，每次去，都發現擺放在公共空間的電視機總是開著，播放的不是老人熟悉的唱老歌節目，音量又大，電視機前沒有觀眾。在這麼吵鬧的環境下，有人不安繞著客廳走，有人打瞌睡或發呆，有人嘴裡念念有詞，看不到任何笑臉。他們不會說關掉，只能無奈的接受吧！傳久提到照顧員要用心，找法子解決老人家的問題。筆者有次又到同一家機構，聽到照顧員指責一位不斷拔頭髮的長者，要她停止拔的動作，她仍繼續拔。另有次，筆者看到那位老人沒事時又開始拔頭髮，另一位照顧員拿出一堆各式各樣的襪子，請她幫忙配對。老人家立即動起來，認真地找出同顏色的襪子來。她做的好開心，又有成就感，拔頭髮的動作也停了。這位照顧員的做法，讓老人家心安，增加她的個人價值，難怪她笑了。

傳久的書內容豐富，不僅記錄了在外國看到和學到的，也對照我國老人福利政策、各級政府和民間團體推動的老人活動，他也提出許多個人的觀點。筆者讀得津津有味，還希望有機會跟他討論內容。這是一本關心老人議題的人，值得花時間細細閱讀的好書。

充滿汁漿的熟齡果子

雙連安養中心院長　賴明妙

現今全世界共同面臨的現象之一，正是快速高齡化潮流的來襲，臺灣也將在二〇二五年邁入「超高齡社會」。面對這樣一個史無前例的時代並因而衍生出的繁複多元照顧需求，不論政府部門或民間單位都在積極努力尋求對策及解方~從日本看到北歐、從長照十年計畫再到長照2.0（社區整體照顧模式）、從社福面講到產業面……，長照服務與高齡產業似乎成為熱門顯學，各界無不期盼（或說標榜）能打造出一個幸福高齡社會。

然而，在相關政策制訂或實務推動的同時，我們對「服務使用者」與「服務提供者」的看法及態度是帶著什麼樣的意涵呢？什麼樣的服務或協助是真正符合人性需求的呢？照顧者與被照顧者（或家屬）又是如何看待自己及彼此的關係呢……？

這樣與「人的價值」相關的議題，在《迎接超高齡：熟齡人生幸福提案》這本書的六十三篇文章中，透過周傳久老師詳盡又平易地闡述他經由實際體驗與深入研究的各國高齡照顧措施、人才養成制度與社會資源等內容，不斷湧現並幫助讀者與臺灣的現況產生連結、對比乃至於質疑、省思並探討未來更多的可能性。書中傳遞的除了是周老師豐富深刻的學養經歷與看見之外，也像是在宣揚他實踐在生活當中的福音「愛與支持」。

當閱讀完這本書時，腦海中浮現出《聖經》詩篇中的經文「他們年老的時候仍要結果子，要滿了汁漿而常發青」——隨著人的衰老，或許結出的果子會變少，但還是擁有結出飽滿果實的能力！

如果我們都能這樣看待與面對「年老」這件事，將傳統對於老人的刻板印象從「年老體衰、無生產力、生活消極、需要照顧」的負面形容，蛻變成「活力無限、貢獻社會、實現自我、服務他人」的正面形象，那麼一個幸福的熟齡人生應也就不遠了。

作者序

當這本書出版時，冠狀病毒正在盛行，聽到政府機關宣布幾千人居家隔離或自主管理。公務機關必須本於專業守望社會，提出對策以確保民眾安全。生活受到影響的人有很多種。其中有的只是身體保持距離，但仍有許多遠距社會接觸管道可溝通互動。

還有些人就不一定了。尤其特別需要靠親身互動得到生活品質的人。例如安養機構中的長者，因為限制探視改變生活品質，失智者不明白怎麼回事；還有關懷據點要停止運作，影響期待去據點會朋友的長者。

人被創造在關係裡，與神，與人。失去感覺存在於關係中帶來傷害。持續活在美好的關係裡則帶來物質不可取代的幸福感。若我們心裡有人人平等和相互顧念的基本價值，尤其來自《聖經》的教導，總會想到不同的人的需要，而且不斷看得更深，希望別人同得好處。

近一年多數人滯留在地，不能遠行。但感謝這是網路發達的時代。我們若能聽、能看、手能打電腦，知道如何蒐尋，可以看到許多國家老人照顧機構與相關研發單位，不僅通知流感可怕和防禦措施，同時一再發展分享，因應處遇如何使社會接觸能力弱勢者開創生活品質。不只得到基本生活需要，還能有新的方法、管道、工具，每日能接觸世界的美好。

我常常在想，為什麼資源不少投注，沒有人故意設計一個使人不滿意的決策，可是照顧服務的質感和設想層面，怎麼總是有著那麼多差別？讀者也有這樣的疑問嗎？或許讀完這本書會有些線索。

目錄

推薦序（依姓氏筆畫順序排列）

作者序

第一階段 善用媒體

第二階段 新活躍老化

重返職場，開創樂齡生活新篇章

高齡學習可以更多元

第三階段 熟齡生活需要的支持與引導

參考他國的居家服務

輔具互通更添價值

重建照服員的自我想像

更友善的喘息照顧

第四階段 老年的身心輔導與調適

失智失能者應享有更好生活品質

老年心境調適

遺品處理

第一階段
善用媒體

01 務必要推老人健康媒體素養教育

「上面有想法下面沒辦法，哈哈哈」、「主持人，我吃五十罐，真的特別有效」、「吃了什麼病都可以改善」、「醫師和五十位藥師一起親身實驗，一下子增大五公分，而且變寬」。這不是三十年前的臺灣，是現在的臺灣。我們社會進步了，媒體增加了，本來理論上民眾選擇更多，但實際上賣藥和誤導健康的資訊更多。

傳播理論從六十年前單向傳播到後來的接收分析，越來越注意閱聽人的收聽、收視環境（情境、處境），將影響收聽、收視行為和使用解讀資訊。以這點來看目前面臨老化、少子化的臺灣，的確有點道理。

年輕人因工作而有頻繁的社會接觸與四處奔走的機會，但老人行動相對受限，因此，廣播與電視還是最頻繁使用的媒體。手機興起，嬰兒潮世代的使用者增加，也有LINE群組可用。但寂寞還是挑戰，誤導的廣告資訊也因此更容易散發，加上賣藥者親切的問候互動比以前更有創意，夾雜很難否定的醫學基本術語威嚇民眾，以及更懂得規避觸犯《醫療法》被罰錢的 call in 回答。

中老年世代是在急功近利和填鴨式教育的社會環境中成長，幼年缺乏批判思考的健康素養教育。到北歐學習特殊教育，在許多教室（不是只有少數一、兩間教室）看到他們讓幼童用畫的、用做的、用貼的、用實踐的方式來認識健康素養。學校給的食物也早已脫離垃圾食物，廚師有責任研發小孩願意吃的健康食材，家長、學校堅持只使用健康的食材。當然市面上還是有糖、油過多而引起疾病的問題，但基本素養一直在改善。

然而，更重要的是分辨資訊的能力和查閱諮詢資訊的管道。以分辨資訊來說，這也一樣可以供臺灣老人參考。也就是維持基本健康的活動，我們是不是先做了？因為廣告可能讓我們把不是優先的看成優先的，就是為了推銷產品。

我們應開辦老人健康媒體素養課（或許應用軍隊反情報部隊的概念）。「排毒，掛保證，誰都可以吃」、「才三千就買到五百粒……」，又例如尿尿有泡沫，賣藥者就說要吃什麼或可能已經是什麼病。不分對象、錯誤的因果關係，都是常見的廣告唬爛手法。關於這種謬誤，我曾請教一位冷靜負責的專業醫師，他說「去喝足夠的水再講」，本來就是如此。基本該做的不重視或不知道，卻一直聽信廣告，這怎麼務實合理？

又如神經痛，不鍛鍊肌肉，骨頭當然承受更大壓力。不願花心思關心別人來訓練大腦，卻一直吃銀杏等藥品防失智（然而知名大藥廠宣布停止十年研發失智藥物計畫，因為找不到標靶，這在臺灣卻無媒體報導）。又如早已吃糖不忌口，但卻只想花錢買藥避免血糖問題。老人產業越多，唬爛廣告也更多。人老更禁不住擔心。

我們有衛福部、文化部、國家通訊委員會。其實，我們應該更積極建置可靠參考資訊的平臺。臺灣上午十點充斥賣藥節目，荷蘭上午十點公視有各種老人健康促進節目；以色

▼ 支持老人發聲，尤其老人事務，是超高齡社會重要的媒體素養。
（圖為日本媒體訪問臺南長者）

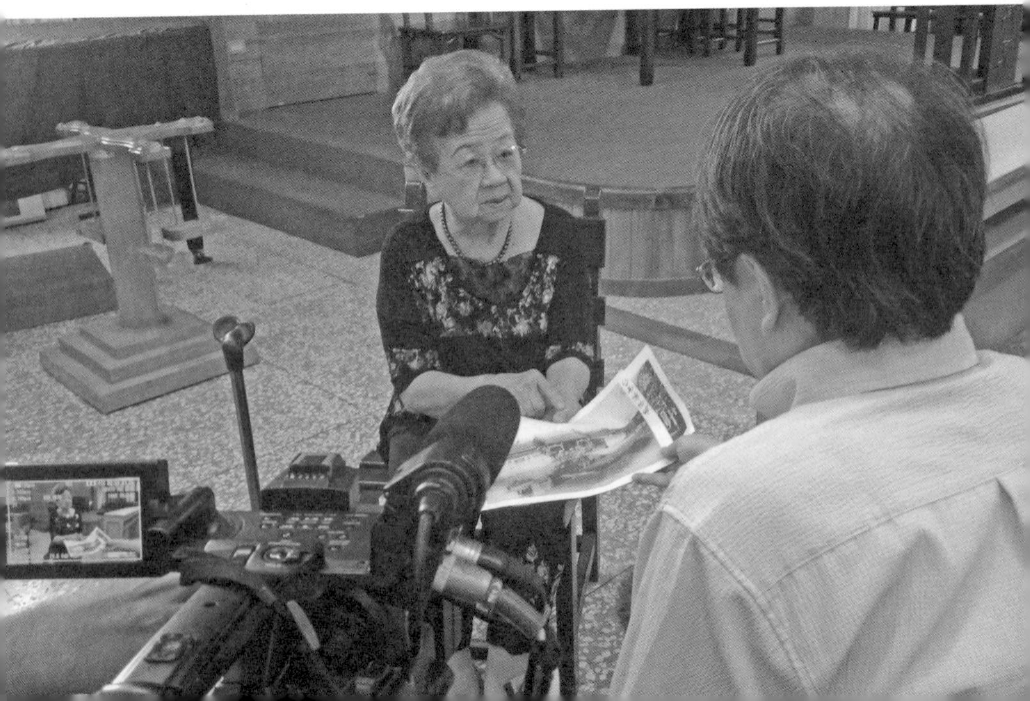

列有多位退休醫學專家，在輔具租借系統為有醫學疑問的民眾查閱論文給意見；美國加州政府特別製作影片解說為什麼老人容易受騙；芬蘭公視開始有專屬團隊，重整衛福資訊供民眾更容易搜尋查閱，且芬蘭國家運動知識研發中心 UKK 一旦有新的老人健康研究，幾天後就透過媒體和自營數位媒體管道與各公立圖書館、健康中心和運動中心等地點傳遞給民眾。

荷蘭、以色列專家曾告訴我，人腦老化是有可能更容易被騙。奧地利醫師告訴我，高血壓的藥越來越多樣，民眾更肆無忌憚吃鹹、吃油，醫師必須出來批評和推廣健康意識；奧地利公視專門開實境節目，鼓勵只用在地健康食材做飯。丹麥公視開實境健康促進節目，找營養師等協助報名改善健康的來賓；該台也做消費節目，直接實驗有誇大嫌疑的健康食品給觀眾看。

在充斥各種資訊與容易群聚和接近民眾的社群媒體環境之下，缺乏判斷素養和基本健康生活的常識，造成的社會成本非常大。老人一旦信任你，忠誠度很高。我們的政府和媒體可以有新作為，也的確需要如此。最優先要做的是，傳達基本求生的生活包括哪些每日行動？做了多少？阻礙如何排除？先把這些教會，就已經功德無量。

芬蘭前任衛生部部長佩卡鋪思卡（曾經來過臺灣），他年輕時在芬蘭東部看見許多孤兒的父母因心血管疾病而早逝，就發動類似的計畫，成為世界衛生組織經典案例。看來，媒體可以傳達健康資訊，培養國民健康素養的機會很多。我們難以遏止賣藥歪風，但我們可以提供更多、更好的資訊。晚近歐洲建設性新聞學更重視這種思考方向經營媒體，已經在歐洲廣播聯盟開課。健康素養是典型主範疇。

讓民眾，尤其人口爆增的老人，不再被惡質資訊唬爛，應是臺灣政府和公共媒體很迫切的工作。以上他國都有很具體有作為的例子可供參考。

02 媒體宜審慎拿捏失智報導

不久前，國內媒體引述日本媒體報導日本讓失智老人在餐廳服務，而且點錯菜可以被接納。後來國內也開始考慮讓老人到超商服務，即使失智老人做錯也無妨。有的報導標題是「總是送錯菜」、「顧客笑著說會再來」，並說顧客覺得開心，失智者覺得療癒。表面看，讓失智者在社區，讓失智者有社會參與，而且多麼被接納；讓早發失智者有地方工作，是失智友善的先進作為。媒體想報導新聞，不想報導舊聞，可以理解；希望吸引人，也不難理解。以上新聞看來新奇、有趣，似乎也很有建設性，但冷靜想，或許媒體有值得省思的空間。

一方面，我們有無注意文化脈絡？日本民眾平常是怎樣生活？在怎樣的有禮和習於不直接表達的文化下，原始報導傳達了皆大歡喜的訊息，但是在臺灣，顧客會如何？其次，如果超商標榜這裡有會算錯錢和送錯商品的老人，要是你、我是失智老人，你的感覺如何？原來的挫折和不安，要在社區熟人面前放大展現，或要面對更多陌生客戶面孔，用很快、很多來不及瞭解的語彙設法跟上他們，是什麼感覺？

在二〇〇五年，歐盟各國公共電視因為社會高齡化而聯合發展手冊，將造成大眾對老人誤解和刻板印象的新聞收集成冊，並依主題分類來一一檢視。目的是希望所有媒體從業人員要非常謹慎，因為粗糙或無心之過，可能在戲謔中讓更多人誤解老人，最終影響老人發展機會和人權。當時雖然失智已廣受社會關切，但該手冊還未就失智的媒體印象多所著墨。

如今，歐盟以外許多社會面臨高齡化，多數人仍是透過媒體理解高齡社會變化，所以事實與真相往往不一定相同。媒體也可以說，只是轉達所發生的現象。但以店員送錯菜的例子來說，已經不只是趣味問題，而是牽涉大眾會由此學習到底失智是什麼？其實到目前為止，失智有兩百種之多，一半以上是阿茲海默症。失智有輕度也稱初期，而後有中度、重度，並不是所有失智者都會送錯菜，也可能表現在其他方面。

國內似乎有種習性，研發照顧服務只要一從媒體聽到國外如何如何，就很想快快轉成國內亮點，甚至快快全面推廣。在這種習性的背景之下，再加上現在是社群媒體當道的時代，當媒體報導送錯菜，一下子這類標題和內文會很快散播到不同群體，包括一般人，也包括失智者家屬，也有專業照顧者。

由於社群媒體經營特性關係，現在文章越來越短，更有機會讓閱聽人以很短的篇幅和時間，建立對某些議題的基本理解。在民主社會國家，媒體擁有影響決策參與和資訊基礎提供者的功能，專業媒體實在要慎重，也應該慎重維持專業可信度。

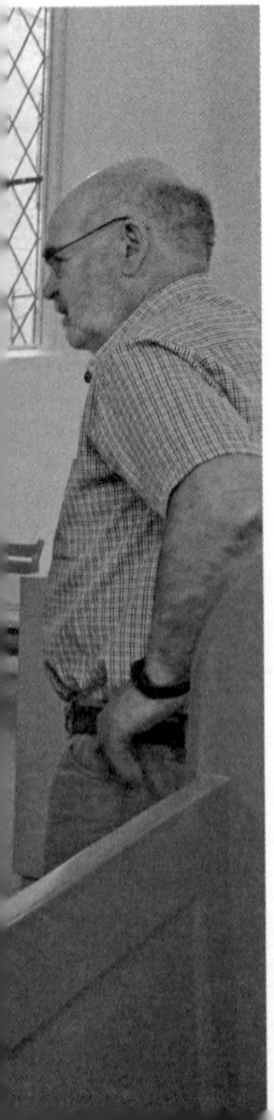

送錯菜只是失智報導例子之一。臺灣是快速老化的社會，媒體是大眾理解變化和政策的來源。怎樣引導大眾，對社會幸福感有可觀影響。失智老人在全世界已有非常多工作和參與社會的機會，例如，芬蘭輕度失智老人在社區服務重度失智老人；丹麥中重度失智老人在日照中心，能正確地繼續從事他們年輕時熟悉的木工與農產加工，甚至有可觀生產力。所以除了送錯菜，但願我們的媒體能介紹更多別的故事。

▼ 失智者並非一切不能，仍可參與社會享有生活品質，若我們學習正確的失智知識。（圖為丹麥專為失智設計的做禮拜）

03 何必用「放下身段」報導服務者？

臺灣邁入高齡社會，照顧人力不足引起媒體關心，紛紛製作報導。除了報導缺人，也報導願意投入者。這當然比一直重複呈現問題提供更多面向，而且或可鼓勵大家投入。不過在一則很長的報導中，介紹多位熱誠的照顧服務員如何在基層幫助老人時，用「放下身段」來形容照顧者。這似乎隱藏一些價值觀，頗有探討空間。

原故事是說明醫藥大學研究所畢業的碩士生願意去當照服員，並且在訪問中講到受到家人許多壓力。媒體用「放下身段」來描述故事人物，或許是採用對比手法，希望凸顯人物了不起或投入價值。這是否暗示碩士很高等？照服員工作不值得碩士去做？或是媒體認為這是社會一般的看法，下筆只是傳達社會的看法？有無想過，用「放下身段」是否又再次傳達了階級觀念？或者把這位服務者願意投入照顧人的價值有一部分放在「放下身段」？其實，用「放下身段」來報導以往也有，例如在醫院有位退役少將去當志工為病人推輪椅，這個報導也用了「放下身段」，或許報導目的是鼓勵大家一起投入，但人人不用覺得去照顧病人需要「放下身段」。

更早之前，有位醫學大學校長跑到偏鄉行醫，因為願意去的人很少，他以身教想喚起年輕醫學生投入，那時媒體也曾用願意「放下身段」來形容（其實還有些人擔心他長年做行政，忽然去幫人聽診、看病，說不定誤了病人病情而捏把冷汗，只是外界不知）。近年有中研院院士到高中教數學，也被以願意「放下身段」觀念來形容。但是從普及知識和引導學習興趣來說，這本是一種服務，何必以異樣眼光來稱頌？

若重視專業，許多都需要兼具專業知識和謙卑的心。若真的看重人的價

▼ 照顧工作的價值豈需建立在他人？（圖為照服員模擬訓練）

值，包括自己和別人，若真覺得人人平等，有「放下身段」的問題嗎？怎樣的人投入和如何投入又不算「放下身段」？

以下這三位朋友比他們的許多同學所得低，可是很受人尊重。這三人向來不喜歡、不認同，甚至可說內心已因信仰價值觀而擦掉「放下身段」的生命觀選項，他們很自在的服務人。關鍵在他們根本不把自己的價值建立在從富有去與困苦者同在，而是將照顧人視為生活風格：

屏東基督教醫院首任院長，也是對臺灣早年小兒麻痺照顧很有貢獻的畢嘉士醫師（Dr. Olav Bjørgaas）明的暗的做了很多，還有次用橡皮管直接對缺手而無助的窒息痲瘋病人吸痰救人，感動一旁許多原有排外敵意的痲瘋病人。但多年後他說，不覺得自己從挪威來臺灣「是要做什麼了不起的事情，做了不起的人，而是回應上帝的呼召來做該做的事情」，如《聖經》說「我們原是上帝的工作，在耶穌基督裡造成，為要叫我們行善」。

恆春基督教醫院第一任院長是來自芬蘭的黃斯德醫師（Risto J. Honkanen MD.），後來在芬蘭非常有成就，最後在醫學院院長任內退休，是老人骨質問題專家。他在二〇一七年說，一九六六年我願意去臺灣，是因為「上帝拯救我使我得自由，願意去照顧人。

二〇一七年我繼續照顧人，仍然是同樣的原因，就是我得到自由，可以白白得來白白捨去」。

臺東基督教醫院第一任院長譚維義醫師（Dr. Frank Dennis）退休得了多種癌症，可是仍繼續努力服務。他指著一棵沒有裝飾的聖誕樹比喻說，「這棵樹好可憐，空空的。我們將來要去見上帝。希望我們現在多幫助人，不要空手去見上帝」。這意思不是邀功，而是一個得救新造的生命，應該發出光彩讓別人得幫助。

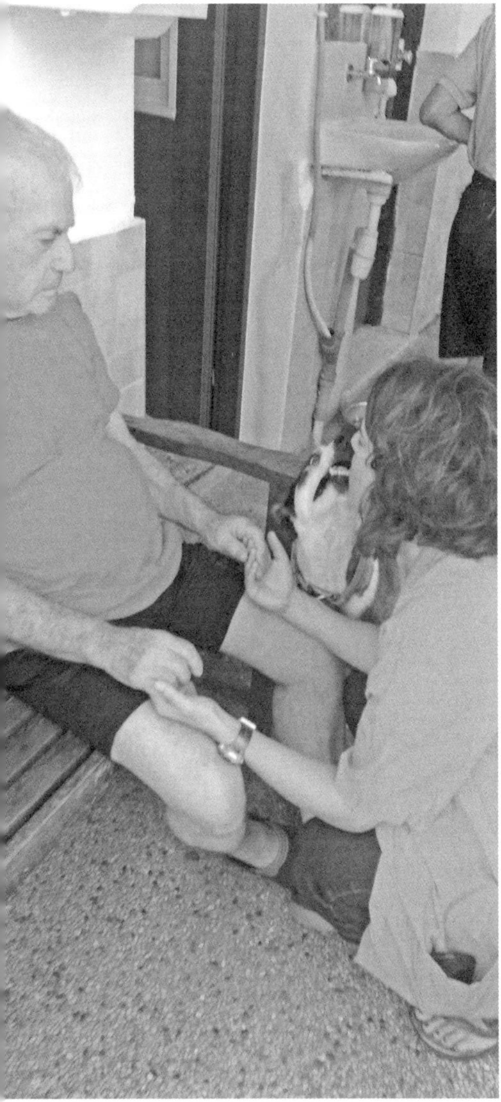

▲ 職能治療師蹲下與長者溝通豈有降低自己身分與專業尊嚴？（圖為以色列失智機構）

如同他們，各種照顧服務工作，要做得好都需要深厚的知識基礎，而且學無止境。投入第一線往往能得到多樣生動真實的刺激，是帶動整體進步的好機會，也是一種生命選擇實踐。

「放下身段」的描述重複出現於媒體，到底會鼓勵更多人投入照顧，還是帶來更多階級刻板印象？或許很難定論。但除了仰望明星貴人下凡的凸顯筆法，或許還可以選擇陳述更多內在生命觀和不以身分財富來衡量人的價值觀，這是否比一直歌頌「放下身段」更健康一點？

04 一藥多效的賣藥媒體識讀

時間已是二〇一八年，一個現代化的時代，一個以大學生之多著稱於世的臺灣。但我們依然可以聽到很多賣藥電臺的廣播。儘管衛政單位已做宣導，但賣藥廣播電臺仍然很蓬勃。他們知道法規的界線，試圖以合法方式宣傳。做廣告推銷商品，這本是資本主義市場的正常現象，然而，站在健康促進的角度，大量號稱有疾病通吃本領的訴求，實有可議之處。若不能禁止賣藥廣播，是否應投入更多媒體識讀教育，視為成人終身學習的一種課題，引導理性判斷能力。

舉個例子，一種號稱純中藥的治咳嗽散，在廣告中說各種咳嗽都能改善。包括有痰的、沒痰的，會喘氣的和半夜咳嗽、咳嗽不止等等。又說大人、小孩都有效。其實，醫學看咳嗽是一種現象，就好像肚子痛也是一種現象，嘔吐也是一種現象。一種現象可能有多種成因。盲腸炎、結石都可能肚子痛，痛還分好幾種。嘔吐可能來自消化問題，也可能來自腦血管破裂或暈眩等。咳嗽可能來自卡到魚刺，也可能喉嚨感染細菌、可能氣管發生問題、可能肺部有問題，也可能過度使用聲帶，還有半夜打鼾口乾。而且有痰的咳和無痰的乾咳也有分別。有些經驗較多的醫師甚至從咳的方式與咳的聲音可做為臆測線索。

如果有了一種現象可能來自多種原因的觀念，再來聽賣藥號稱治療各種咳嗽的廣告，就知道非常值得存疑。

其次，該廣告又說，大人、小孩都有用，沒說能治療也沒說療效，模糊了法規規範，但直接說用量是大人一次兩湯匙，小孩一次一湯匙。訴求語句不斷強調純中藥，搭上大家認為中藥溫和的刻板印象，再強調買大罐才省錢。大人是多大？小孩是多小？湯匙又是哪種湯匙？

雖然如今已是新媒體時代，許多人有手機，甚至有人覺得廣播繼續失去空間。然而從便利易得而言，廣播仍然是許多民眾最親近的媒體之一。開車時頻道容易操作，在田間、在散步時、在公園、在獨居失能無法自在出門時，最不用費眼力、費頭腦就能得到的大眾媒體就是廣播。如果廣播者又能親切友善，熟稔語言，這裡說的不僅是國語、臺語的語言分類而已，而是表達方式融入收聽者的文化情境，還有疾病困擾的同理，則產生的慰藉陪伴效果可觀。這時，廣播者成了收聽者每天最主要的朋友之一，影響力可觀。

雖然並不是所有人都在用理性接收媒體訊息，但也並非所有人都不能接受理性的分析。也許可能只是

▲ 透過便宜易得媒體和溫馨陪伴內容，藥物行銷業者直穿老人心，成另類健康識能詮釋者。（圖為長輩使用的收音機）

生活環境缺乏接觸解說的機會，或者解說方式不夠通俗，也可能在某種情境下，收聽者很容易被廣播者引導。如果我們能多思考一些訴求方式，至少可幫助這個洗腎比率很高的社會降低風險。今後，凡是一種成藥訴求一種疾病表象，卻可能有多種病因的廣告，都要抱持存疑之心，對健康保障更多。

05 職場暴力新聞想到媒體事實與真相

不久前有幾則關於職場暴力的新聞，在社群媒體發達與傳統媒體競爭激烈的現在，很快產生賣點。其一是某所高職的老師看到學生上課玩手機要糾正，引發口角被學生毆打；另一是急診護理師遭到五名家屬暴力圍毆。這兩則報導背後累積著先前相似事件的印象，還有社會倫理衝突，在網路上很快就引來許多網民宣洩，認為暴力行為十惡不赦，大為批評，甚至各種粗魯情緒言詞也都一一浮現。

其實冷靜觀察，已經好幾次媒體呈現了有人被打、專業人士被打的消息。若媒體有查證，這消息可算是一種事實，但是還有更多的細節，媒體可能以限於篇幅為思維，省略大部分。媒體機構主管可能甚至認為媒體不是教學機構，所以不需要呈現溝通細節。然而以職場衝突暴力而言，真相往往就在溝通細節和溝通情境，甚至溝通雙方的權勢地位。以老師糾正學生玩手機來說，老師是如何糾正？以護理師被圍毆來說，原先整個溝通是怎麼進行的？

任何暴力都不足取。但往往在很多行業，大家很自然的去指責施暴者，認為都是他們的責任。但真的只是如此嗎？

從丹麥長照工作者必學的幾個傳播溝通的學理來看，表達溝通其實語言只佔百分之七，其他都是非語言，包含肢體語言、態度等。另外，表達方式有溫暖的「長頸鹿語言(Giraffe Language)」和攻擊、怪罪、防衛式的「野狼語言（Wolf Language)」。再者，還有溝通的「衝突階梯」，即溝通時怎樣的互動會逐步升高衝突？怎樣可以降溫？上述兩個例子有哪些溝通語言不得而知。

臺北醫學大學的教學中心希望減少溝通衝突，已經發展擬真角色扮演混成學習。累積的教材有些正是表達上述溝通如何升高為衝突，其實往往只是一些互動過程未能稍微同理回應，或慣用優勢地位言語，或不自覺的用了本能回應脫口而出。

最近在一個醫學中心發生客訴，還好沒有打起來。原因是病人對點滴有疑問。護理師略帶不耐的處理完後回應了一句「妳還有什麼問題」？同一句話只因表情不耐煩讓病

▲ 醫療界開始更多擬真溝通訓練降低衝突。
（圖為北醫急診醫師引導同事善待新進護理人員的訓練）

人很生氣，覺得沒得到尊重。像這種事情要是變成打架，標題可能又是「病患可惡」、「血汗護士」、「世風日下」、「難搞家屬」之類。的確很多被服務者不好溝通，但往往衝突有很多原因。

新聞學一直教導新聞標題要呈現重點，而且要用文字素養精簡吸引人。但可能還要加上一句「同時兼顧倫理」。如果是政治事件中的毆打暴力，可能真的雙方另有所圖而各說各話；其他關於專業服務領域的暴力衝突，若只強調衝突為賣點，省略必要交代的過程真相，則這類新聞越多，也可能打擊從業人員士氣，導致更多年輕人不願投入。

丹麥公視總監烏立克發展「建設性新聞學」，起因之一也就在看到媒體重複強調衝突，弄得人心不安。有些傳統媒體理念認為報導新聞是責任，解決問題是政府和別人的事情。但烏立克認為，重複報導衝突卻不著力探討改善，也是一種媒體職責和功能可議之處。以上述暴力新聞為例，如果能交代細節重點，並有些篇幅討論改善，是否更有建設性？

第二階段
新活躍老化

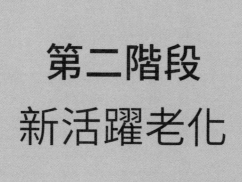

重返職場，開創樂齡生活新篇章

06 高齡就業

臺灣人口老化，扶養比更沉重，勞動人力平均年齡增加，如何確保勞動力，開發人力資源是一大課題。這不只是臺灣的挑戰，也是其他人口老化國家的相似處境。每個社會對老的看法，以及社會提供的就業誘因不盡相同。我國政府已在逐步推廣高齡就業，此時，分享他國歷程，或可參考。以下先陳述見聞客觀事實，後有討論省思與建言。

二〇〇七年到挪威學習老人照顧，拜訪高齡就業中心（Senter for seniorpolitikk）[1]。高齡就業中心位在奧斯陸一棟樓房，該機構存在的目的是因應挪威人口老化，希望鼓勵更多中高齡民眾留在職場，對個人保持經濟來源和社會接觸，對國家減少照顧負擔增加稅收。還有公共衛生的觀點，希望藉由延長工作保有生活價值與節奏，因為經驗顯示，人退休失去價值位分與發揮所長的存在意義，若無適當銜接目標，會加速老化和死亡。

二〇〇七年挪威退休法定年齡為六十七歲，失業率是全歐洲最低的。一方面挪威六十到六十六歲的民眾就業率是歐洲最高，但另一方面，許多人不斷提早退休，越來越缺乏勞力，那時挪威每年引進九萬名德國、波蘭工程勞工協助建設，這還不包括護理人員等其他外來工作者。挪威人口五百萬，二〇一〇年四十五到六十六歲的人口比前十年增加百分之四十一，二十歲到三十四歲的人口降低百分之十三。就經濟和稅收減少的影響，繼續下去，不知道未來會變成什麼樣子，不能讓經驗成熟的人太快離開職場。

挪威政府決定擬訂全盤政策，早在一九六九年就成立高齡政策中心（Center for Senior Policy，挪威語為 SSP），當時是為了經營退休人力，隨人口老化，功能轉移到高齡就業，並負責聯繫政府相關部門和私人產業以及國會議員等各類政治人物。二〇〇一年由總理主持計畫會議而推動新一代高齡就業計畫，挹注經費發展各種方案因應挑戰，相信高齡人口的經驗和能力，在未來會成為經濟稅收的重要來源。

---

1 請參考：https://seniorpolitikk.no/

高齡政策中心（SSP）很早就知道各部會的合作意願和能力會影響政策成敗，因此，SSP讓勞方（工會）、資方（老闆們）、政府（勞動部門）一起來討論，怎樣發展多贏的策略，帶動國家人力資源的永續經營，並向大眾行銷減少年齡歧視，看到人的潛力。例如在研討會和工會會議展出更多樣各地用人範例和營運模式，讓老闆們知道可以怎麼做，也讓大眾瞭解政策發展並影響民意（當時是透過傳統媒體，如今社群媒體可能更有用）。

SSP定義的高齡就業涵蓋四十五到六十六歲（如今可以更高，要看調查統計來決定每年的計畫）。實際作為逐步根據調查和需求來發展，包括讓管理階層學習認識高齡就業、怎樣管理高齡人力、怎樣設計職務和工作環境，為重返就業崗位的人開設教育訓練，除了技能知識訓練，還有態度覺知與適應能力等等。在Vestfold大學開課培訓經理人。

北歐因多年來涉及職訓都有學習前諮詢和個別學習計畫的傳統，SSP也是相似。目的是不要浪費社會資源，確保學以致用。

關於重返崗位，三方協調，提出哪些職務特別重視以往經驗，哪些職務需要新的訓練，如何結合對新職務生疏，但是已有的社會經驗，讓學習和再投入職場的幸福感最大、適應度最高。

若辦這類職訓，特別重視成人教育教學法。北歐與荷蘭對於職訓老師都有教學法訓練的規定。有了專業經驗，必須去大學上教學學位課程（pedagogy diploma），通常是一年，分六個模組，三個必修，還有二選一的選修，以及畢業論文。目的是確保老師的素質，知道怎麼瞭解學生想要的和如何協助學生得到想要的，還有個別差異，以及哪些新輔助科技可以確保工作安全，利用經驗發揮潛能。

關於重返職場的心理調適課程和指導，為的是確保不同世代的溝通相處。當大家一起工作，良好的夥伴關係對產出品質和個人幸福感影響很大。後來還出了各種手冊、教材，以及年輕世代相處需知。如 *Arbeidsgledens 10 bud for ledere*，這份指導原則提到以下觀念：鼓勵享受工作樂趣；合作創新讓工作更有趣；拉近不同世代文化；當他們是完整的人，給高齡工作者可以做的，讓他們知道老闆相信他們可以面對新的挑戰。讓他們參與工作和承擔責任，這會增加自尊，激發他們的熱情，允許他們好奇心，回答他們提出的問題。讓工作者有反思的機會，避免重返工作容易發生的風險和耗盡心力崩潰。追求福祉，要知道未來混齡的良好工作情境由大家共同營造，當有些人挫折沮喪時，我們要看到他們，分擔他們的痛苦和失去力量的難受。

類似挪威 SSP 在丹麥也有[2]。其中對高齡就業的年金和稅收等細節問題提供諮詢。另外，一九九六年因應老化成立國家資深公民委員會[3]，在各社區都有分支機構，協助大眾認識高齡人口並促進發揮所長。國家資深公民委員會也開辦教育訓練課程，有別於退休前年輕和中年人的職訓中心。

至於芬蘭，促進高齡就業的主責單位要從國家年金中心說起。二〇一五年我曾訪視芬蘭國家年金中心（ETK）[4]，中心有三百名員工，以系統研究來掌控國家人口變動，以每年平均餘命連動計算退休年齡，再以此管控發展推動高齡就業。芬蘭和挪威一樣面對大量民眾提早退休，為確保勞動力，花了十五年時間，將國民七成五提早退休兩成五屆退，翻轉成七成五屆退兩成五優退，而且逐步提高每一年勞工的退休法定年齡歲數和月數。

有效鼓勵高齡就業，可分高齡職訓和部分時間工作與志工生產等多種。提供企業營造高齡者更適合的工作情境，思維不只在硬體，還有心境。對高齡者就業關注再進一步深化，研究到底人在六十歲以後對工作的期待是什麼？處境與心境又和年輕到中年有哪些不同？研究發現，邁向高齡的就業者可能有孫輩，他們很在乎和同事的關係，也很在意老闆對他們的看法。他們也打算花更多時間照顧晚年，包括職場和家人，也許協助兒女照顧孫輩。對協助高齡就業，這都可參考，因為彼此瞭解才可能縮小期待落差達到幸福感。

依據研究找出的社會現況證據，釐清社會存在的疑慮，發展更多符合需要的政策。所謂釐清，例如媒體認為高齡者繼續工作會佔到年輕人就業機會。但事實上，越來越多新興行業是年輕人的資訊科技教育背景可以創新，和老人經驗能力有區隔。另外，人口老化還有許多行業需要人力，並不全都科技化，例如照顧產業，所以營造年輕人可以投入的條件。至於符合需要的政策，例如總是缺人的護理工作，調整給付和工作制度，容許部分工時投入。芬蘭和丹麥都出現了護理人才派遣機制，也成了一種行業。

2 請參考：http://www.lederforum.dk/media/Vejledning_rammeaftale_seniorpolitik.pdf
3 請參考：http://danske-aeldreraad.dk/
4 請參考：http://www.etk.fi/

另外，到底哪些行業特別需要用到經驗？怎樣讓經驗整合到新的企業發展需求？哪些工作特別適合高齡者，甚至六十五歲以上的民眾？挪威、丹麥、芬蘭都有二手商店和社會救助募款商店。在這些國家，可不是一、兩間，而是非常普及，大有大到如大賣場，小有如臺灣賣彩券的店鋪。因為二手物品需要對社會歷史有概念的人較容易知道東西的價值和來歷；應該怎麼擺設和行銷，擺得有品味而不是像個髒亂的垃圾資源回收場，只管收入而不顧感受，若真如此，老人恐怕也不想來。高齡者協助店面經營不必從早到晚，可能幾小時換一班，不至整天坐在家裡，能動腦算錢，能社交，有時還資源回收創造成新品，例如用過的蠟燭。在這類二手商店上班，不能得到暴利，但搭配年金制度，也不失為一種保有生活品質的選擇。

以上粗略的介紹他國發展。在臺灣，一談到北歐，難免有人覺得資源條件差異太大。然而，從以上幾個故事來看，想法以及想法背後的價值觀，恐怕比只是看別人的所得與稅收條件，更能看清走向人性活躍、有生產力的高齡社會，需要什麼努力。首先，發展需要對人的價值的看重，再加上具體持續的調查證據為基礎。其次，需要不同部會和民間的合作，用平等的態度一起改善問題，以追求多贏為目標。這個多贏不只思考財務，而是從經濟、人性一起考量，才能找到可行的方式。第三，發展需要時間，要有耐心，但也要找出正確的方向，再假以時日發展。第四，相信人的潛力與創造力，提供人更自由有互信的發展機會。

臺灣過去幾年已經開始注意高齡就業，並有相似職訓機構成立。各縣市高齡友善認證計畫的會議，勞政部門也

▲ 機場諮詢行李服務讓六、七十歲有經驗員工發揮。（圖為挪威首都奧斯陸機場）

多次表示注意促進高齡就業，但具體計畫仍在努力中。上述相關發展不一定都是新鮮的，更不見得都適合我們，而相似的作為如何深化或可參考。

我國主管年金的組織有無同步考量高齡就業層面和高齡就業相關議題的政策？相關部會如何在高齡就業議題中有互動？再者，例如我們的高齡就業開發，如何進行就業諮詢？是有做就好，還是妥善規劃？在北歐這幾國，職訓中心幾乎所有的老師都有能力也要承擔就業諮詢。我們的高齡就業職訓，有無充分注意到成人學習、資深公民學習和正規教育二十二歲以前的差異？我們到底如何看待高齡就業者過去的就業和生命經驗？如何以正向態度和創新思維一起找出以往不存在但將來可能發生的工作模式？

還有，臺灣在地文化對高齡就業，以及臺灣目前就業規範有哪些與促進高齡就業抵觸，可以改只是還沒改？我們的高齡者和年輕人相處的衝突與利基在哪裡？怎樣更平等尊重的互動？我們的業主和民眾對老以及高齡就業還有哪些態度障礙？在新興媒體環境，我們如何加速行銷無歧視有潛力的高齡就業？

至於資源回收和二手物品的經營，積極者可以大量節約社會資源，不只廢紙、廢電腦，還有許多大大小小堪用物品。我們如何更重視高齡就業，以變成勞動、社政、衛政、教育多面向來看都是多贏的行業？

最後，最根本的問題是，我們對不特定的他人的困難與痛苦到底是抱持怎樣的價值觀？我們覺得生活的意義在哪裡？價值觀決定要煩惱哪些事，不應花太多時間抱怨哪些事，也影響如何收集資料、做怎樣的研究、擬定怎樣的政策，和怎樣面對更多、更新的挑戰。

▲ 重視才能加上職務再設計可鼓勵更多男性長者參與服務與就業。（圖為屏東樂齡學習中心戶外竹筏模型製造）

07 從農場體會高齡就業職災預防

您退休想轉換做什麼工作呢？許多人做一種工作到退休，都很想試試不一樣的。就可能的各種新工作，自己的身體是否足以承擔適應？或者要先做一點點試試？或評估一天只做比以前上班短些的時間？更周延，才能真的活躍老化！

退休能到農場工作，而且還要有機農場，是許多人的夢想。接觸大自然，鳥語花香，有收成，說不定還二度致富。真是如此嗎？不用唱衰自己，但最好也要務實。這裡談的不是資金調度與農作選種之類的知識，而是分享實際經驗，提醒如何安全快樂的展開生涯新旅程。

不久前，看到南部一個有機農場接納失業高齡婦女二度就業。他們很快樂，說撿菜、包裝時，看到綠色蔬菜冷藏的顏色都可感受生命的歡喜。講得如詩如畫，忘掉被解雇的失落。當時我正好被勞動部就業中心找去介紹國外高齡再就業政策如何周延，同時有感臺灣高齡少子化，真該加速支持高齡就業。因此，想更深入瞭解實務。為了體會，我徵得有機農場場長同意約好去工作一天。以農場為例瞭解高齡再就業的遭遇。

當天一早七點半在農場大樹下集合、分配工作。來了幾位已經做幾個月的民眾，五十到七十歲都有。由於農場溫室很多，每天拔草、收成都可能會在不同地點，他們交給我小板凳和鐮刀，和他們一起去收割蔬菜。

我的身高比夥伴高很多，可是板凳都一樣，明知可能不合身，心想也沒那麼嚴重。大不了割一下站起來休息，就開始割菜。由於賣相重要，不能割太靠近根部以免沾

▲ 進入中老年忽然轉換工作需要注意可能挑戰多年肢體動作習慣。（圖為臺南農場高齡員工收成葉菜和拔草）

土影響後續包裝，又不能割在菜莖上面，不然一束油菜就散了。荷葉白菜根更短，更要注意，而且又很脆，一不小心菜就折斷了。天熱，溫室裡三十八度，割完不收放一旁，動作太慢，菜會枯萎，這和有錢、有閒玩玩的園藝大不同。

就這樣，工作一小時想站起來就已經很吃力，特別是腰和腿。就這樣隨他們轉戰各溫室，下午在溫室除草，有機菜園雜草與幼菜夾雜，也要小心，有的草根很紮實，太用力拔也會傷到菜。傍晚再換一區在機器整過的地鋪上有孔長條塑膠布，一大片地有多條長土堆，從每個土堆盡頭開始，一人倒退拉，兩人在兩側鏟土堆上去，這樣來來去去到天黑。那些長輩做完歡喜下班，看我有點累，直說「換一個行業要換一副骨頭啦」。意思是常做一行容易習慣適應，貿然卯起來當然辛苦。好在我不是真來餬口，因為他們說，有些人來一天就放棄了。

第二天一早，我在家出門要搭電梯下樓，在電梯前覺得左腳無力，左手也無力，既然是同一側更擔心中風否？去看醫師又照片子，沒傷腰，研判腿神經壓迫導致。醫師指示復健並設法避免因神經受損而導致肌肉萎縮。就這樣折騰三個月。一隻腳掌無力上抬，走路聲音很大，如無力中風一樣一拖一拖。穿襪子都困難，因為腳掌不會上抬，本體感折損。

後來慢慢恢復，我開始好奇，四處問國內外物理治療師。看法是下蹲使大小腿持續互壓，傷膝也傷神經。把板凳調高會好一點，但腰仍彎曲，脊椎會受傷。所以最佳姿勢是大小腿成九十度，上半身打直來工作。更好是站著，兩手向前操作，如果怕上半身前傾，還可在腳尖下墊木臺，阻止上半身一直前彎。而菜圃最好的高度是收割者站著可以接觸得到來收割。問題是菜圃是經濟作物不是治療區，更何況天下哪有整大片都是來配合收割人體工學的菜圃呢？

▲ 原來在日商罐頭工廠服務被資遣的長者，將紀律和農家經驗發揮於農場高齡就業。（圖為臺南農場高齡員工墾地）

繼續多方詢問知道，要安全有效進行以往不常進行的工作，或者已經有勞動職業傷害又不得不繼續進行工作，在物理治療界早已有這些照顧服務。如預防性職業輔導評量和工作強化訓練評估，之後有職務再設計。可能調整姿勢、調整工時、調整環境，也可能增加輔具或設計維持肌力運動處方。

據我瞭解，我國支持高齡就業已有媒合，也對身心障者有再投入職場的災害預防評估。但只是針對中高齡，除非你自己去醫院，這還要看遇見誰來幫助，對你想去做的工作同理多少。不然，絕大多數退休者都是土法煉鋼居多，等到受傷才相信可能受傷。

要知道六十幾歲或某些年輕不常運動或轉換工作差異很大的人，若受傷要恢復不一定很快。若還要工作，可能二次傷害。勞動與運動也是不同。農場都是戶外，也意味著多數不在冷氣房，別的工作還有別的勞動特性，這都可能超過我們一般推論思維。要說因此太負面思考而退縮也是不好，所以未來政府計畫性支持高齡再就業，最好能如國外在輔導高齡再就業流程，增設工作分析諮詢，提早讓看來不是身心障但已經逐漸老化的國民，能有較完備的預防流程。認識通則也得到個別化輔導，才能越多人高齡工作，繼續繳稅、繼續維持社會接觸，保有良好的生活步調。

08 當志工投入失智共照——丹麥

越來越多初老者身心健康，除繼續就業、旅遊和當一般志工，現在有個新的社會需要，投入是社會多贏。

丹麥有個城市屋登斯（Odense），是童話作家安徒生的家鄉。因為推廣人味周延的失智社區照顧聞名歐洲，荷蘭後來興建的失智日間照顧中心就乾脆稱「屋登斯房屋」。

這個體系的特色是四層照顧，從初期疑似失智到住機構都涵蓋，每個人都知道該怎麼做。第一層是諮詢與通報中心，第二層是志工主導社區照顧，第三層是專業照顧者負責社區日間照顧，第四層是機構。

其中第二層主要接待初期失智者，由志工組織經營。主導者曾在第一層擔任專職個管師，用臺灣現行制度職務，可說是失智專責照管中心的照管專員。這種閱歷者轉到志工組織工作來接手第二層，對失智一開始是怎樣的處境，去照管中心有什麼流程和遭遇都很清楚。以早期延緩病情和提供最大程度初期家庭支持為責。白天提供相聚活動，晚間還有協同牧師的夫妻協談。因為失智在家，最大壓力在配偶，丹麥有的老夫妻甚至導致離婚。

一般人可能覺得失智照顧很專業甚至很麻煩，一定要全專業人員，如護理或精神科醫師與社工等。但實際上這第二層一開始設計就定位由志工組織負責。除主導者專職外，全都是志工，而且清一色是剛退休的民眾。這樣，有日有夜的完整服務才能進行。

第二層社區照顧於週間有固定場地，一個小型賣場其中一間。初期失智者自己來，或家屬陪伴或由志工邀請來這裡參加活動。可以打橋牌、打毛衣、唱歌、閱讀、其他學習等。提供安全溫暖氛圍，讓人不害怕生病。

還有個所謂照顧科技圖書館。其實是個大櫃子，裡面有各種支持失智者繼續在社區生活的聯繫設備、生活輔具，甚至安撫互動機器人。

身心還不錯的初老者志工週間輪班，協助主導者維持行政事務，接待客戶。還與主導者一起，協同客戶，用現代化方法研發更多適合的外展活動，讓日間活動中心提供例行服務外，還成立研發中心。

目前運作得很順暢，而且一直在更新，成為歐洲老化對策範例之一。讓初老者投入的好處包括：

1 年齡與客戶相近，很容易同理和有共同溝通語言。

2 有自然機會觀察，讓自己與親友及早預防和治療。

3 為國家節約後期醫療開支，便於有限資源永續經營。

4 彌補高齡少子社會，專業照顧人力不足改善負荷。

5 強化在地社會連結，讓更多人因相互照顧拉近關係。

6 減少負面思維，看到別人處境而為自己心存感激。

7 更多國民以最低成本有效方式，具備高齡社會素養。

▼ 長者比較專注奉獻而且閱歷豐富，能同理各樣辛苦的人。
（圖為丹麥社區獨居長者及遊民共餐服務）

環顧臺灣目前也有越來越多初老者在四處尋找生活意義。雖然有一部分初老者不願見到失能者，覺得是不愉快經驗，而難以投入這類服務。但鑑於臺灣和其他老化社會有相似資源壓力、價值挑戰和生活品質需要改善，失智者也同樣越來越多。若能參考丹麥，更積極組織、行銷，讓初老者有機會成為初期失智的支持者，這和各照顧專業組織繼續要求政府擴大支出來提供服務，大家都等待專業照顧者來接手（但實際上沒那麼多專業照顧者），是不一樣的路。

09 高齡生產力的事實與真相——日本

臺灣和日本都是高齡少子化社會，都面臨勞動力不足的挑戰，都曾有支持老人繼續生產的倡議與必要，也都曾有老人不退會搶年輕人飯碗的疑慮。但真相如何？

一九八六年，日本修改《中老年人就業促進法》，並更名為《老年人就業穩定法》。在日本山口縣下的光市（相當臺灣的鎮），老人能發揮的比以上想像的更寬廣、樂觀，而搶年輕人就業機會似乎也不是爭議。對未來臺灣照顧費用籌措越來越困難又衝擊經濟發展的困境，帶來正面的遠景。如果政策理念明確、制度設計更嚴謹，加上培養基層主責營運者素質，將能夠讓理想到位。

光市十年前就有支持老人就業公益組織，相當於臺灣要發展的高齡就業中心。目前臺灣高齡就業的「高齡」，其實是指相對二、三十歲的五十歲以上中高齡失業勞工，對於六十歲到八十歲族群的再就業開發還在摸索。光市的高齡就業明確鎖定六十歲以上，這不是志工，是領薪水勞工。

法人組織由老人選舉領導幹部，負責勞務派遣、職業開發和與企業交涉，發掘通報適合老人的工作機會。理念是擴大社會參與避免孤獨死，讓未來年金吃緊的銀髮國民更有機會自食其力最大化。善用老人經驗，開發老人潛力，這樣所謂「下流老人」族群可望逐步降低。制度是政府觀察到底有哪些社會服務需求，再衡量各種社經教育背景的長者，提供穩定多樣機會讓長者貢獻。

例如光市每年公共區和家戶都有除草、剪樹習慣，但許多年輕人忙外出工作，許多民眾太老無法自己來。政府媒合平臺讓健康老人負責，他們領可觀的薪水，若正常上班，可達臺幣七到八萬左右。當然未必有許多老人想一個月工作這樣久，請他們服務比直接請一般工人要便宜，是雙贏，而且寄望季節的服務機會穩定。

另外，會考慮讓健康老人有機會服務失能老人，學習預備更

▼ 高齡員工補強媒體素養以便接軌新工作。（圖為日本高齡就業中心訓練）

老，也珍惜當下，並藉此跟上科技進步的腳步。例如安養機構洗窗清潔工作，還可以順便和老老人互動。老人比年輕人更有話講，禮貌也更傳統。又如，老人到府為老老人裝設新型火災警報器，因為日本火警死亡統計，老人住戶是風險最高者之一。

到目前為止，媒合介紹除載明高空大樓清洗不推薦以外，越來越多工作有老人身影。老人投入工作，是否帶來更高職災與意外風險？這似乎不必過多憂慮。固然這個公益組織在媒合時會考量求職者健康，跡象也顯示，戰後嬰兒潮這代成長的人，幼年到壯年的物質環境較七年級後者清苦，勞動也多。許多六、七十歲甚至八十歲投入繼續就業的人，身體比現在四、五十歲的人還要健康。加上機具更新，所以拆除山區路障、樓梯維修和垃圾清運都有老人投入。至於公共政策社區行銷也是老人投入機會，因為他們熟悉社區，受人尊重，關於健康促進、交通安全等政策宣導能夠勝任。

另外，因為人口外流加上少子化，其實光市已經很缺年輕人，老人離家跑出來工作，是填補實際社會服務的人才缺，而不只是有錢有閒打發時間。所以，很少人討論或擔心老人搶青年的工作機會。

除了一般行業退休者，光市又開發企業領導人員就業服務社團，這個社團原則上都要六十五歲才能加入，貢獻方式是到小學教科學、自然、數學等。他們受高等教育有一生的領導管理實務歷練，有靈活的溝通和識人素養，抱著為未來社會貢獻的心情到小學，所以小學還有八十歲以上的老人在輔導學生。

相較全球各國老人政策都看到的女性活躍，要鼓勵男性走出來較為困難，光市提供老男人更多舞臺。他們不必因女性跳舞、家政等普及的銀髮活動而覺得自己沒角色，只能去看報，也不再容易批評另一半而干預她們一定要在家。

「獨立自主、合作互助」是光市因應高齡少子化挑戰的原則。容許長輩開發新興機會，或用不同方式操作現有工作。發揮創意、增加歸屬感，又實質用到生活閱歷。這和多數時間旅遊、在家悶得發慌，或因缺乏接觸而疏離，是不同的老年風貌。政府也許不一定花心力說服大眾避免老年歧視，但實際見證處處有，無疑是無言的有力宣傳，讓大家知道，真是人生七十才開始。

▲ 高齡員工透過共同嘗試，可開發潛力轉業。
（圖為日本高齡就業中心附設紗窗維修工廠）

▲ 老人以低於市場行情的工資到府協助更老的人更換紗窗。
（圖為日本山口縣社區）

10 正視高齡再就業的高齡友善——日本與北歐

過去幾年，臺灣許多地方政府在推動高齡友善。從愛爾蘭到歐洲他國，也參加許多考察團，目的在得到認證和學習新知。地方政府也有這類定期會議，希望各局處能一起參與。

回顧這幾年，著力處多半想到的是無障礙空間、清除騎樓、友善公車駕駛、健康促進等。這些都很好，但展望臺灣勞動力短缺以及退休者有許多非常健康，觀察相似處境的國家，如日本、芬蘭、挪威等，則有一項還有非常大的努力空間而且非常必要的，就是支持退休者重返職場再就業的友善設計。

挪威、日本都已提出終身學習、終身就業的觀念，盼望凡是還健康的人都能繼續工作。因為這樣有生產力，有社會接觸，能參與社會，有生活節奏，是集合多種好處的延緩失能作為。

六十五歲後的國民擁有豐富人生經驗，但體能和心智反應可能不再像年輕時那麼好。

若能納入高齡友善思維，多顧念支持他們，則很可能不只六十幾歲，七十、八十甚至九十歲都可以繼續樂在工作。

這些友善設計在挪威、日本已經非常成熟。挪威一九六八年創立老人就業輔導中心，日本一九七一年有支持老人就業的保障法律。觀察挪威、日本已有支持再就業的作為，有以下三點：工具、制度、態度。工具是指適合不同行業和身體特性的用具；制度是指顧及體能和樂趣，並且不至於打擊年輕人機會；態度是指沒有年齡成見歧視。以臺灣最近一些現象來看，這三點都很值得參考。

首先是工具。以醫院清潔服務人員來說，一個平均六十五歲的服務團隊有許多老人。管理人員告知要用靜電拖把避免揚塵而做好感控。但員工卻趁管理者不注意又換回掃把。在樓梯間也是如此。管理人員覺得這叫做老人固執難管。然而實際上在每層清掃角落要是用靜電拖把，老人家非常辛苦。即使管理人員親自使用來學習同理心也是難以完全體會，因為年齡身體不同。所以與其拘泥議論老人不好管，是否應多花點心思想些友善工具，如伸縮掃具更適合不同體型；或者常常要蹲板凳，可以改用滑輪板凳，減少腰部和大腿與膝蓋固定壓迫而受傷。

至於制度，日本銀髮再就業中心制定每個月上限二十小時時薪制，這樣不會太多，避免造成讓老人吃不消或者佔到未退休者機會。老人另有再就業保險，也不為難聘雇的業者。至於他們適合從事哪些工作？早已逐步從嘗試錯誤發展詳細表格，能夠引導想求職者以及諮詢者，更務實聚焦最可行的行業。然後給予三個月左右的訓練，這和無方向的擴大補助講習不同。前者已審視所以更有效能，後者流於形式，仍有許多人受訓完還在摸索。

挪威銀髮就業中心還持續做研究來找出高齡者就業的心理處境和需要。

▼ 七十五歲長者帶著企業經驗領導高齡就業中心更有能量與同理心。（圖為日本山口縣高齡就業中心）

例如特別重視與老闆的關係，也很敏感在意年輕人是否接納。從而設計訓練補強心理素質與環境覺察能力。同樣關切角度，日本多種高齡就業職業項目不會讓老人天天處於人群競爭。例如修紗窗、割草、換火災警報器材，這都是在社區接觸其他老人，幫助更失能的老人的工作。或者開創協助幫忙公共托育，看到小孩也更高興還有薪水。

至於態度，如前所述，都有完備立法避免高齡歧視。支持高齡再就業，除反歧視已是必備，更積極的還會多角度看怎樣創造機會，並且行銷高齡再就業不是可憐，而是繼續彰顯存在價值。例如讓有工廠管理執照的老人，兩人一組去監控大型冷暖氣機房運作，不會太耗體能。投入的老人認為，每天拿著鑰匙開大門，啟動機器，影響這麼多人在辦公室舒服工作，比天天在家要有責任感。這種責任感是價值而不是壓力。

態度，還包括影響雇用者的態度，例如有限而彈性的工作，讓雇用者降低排斥老人就業。例如日本賽艇業是公營服務，用投注金支援社福資源。一個賽艇活動雇用到六十位老人，選才還會考量請有管理消防和大型場館公共危險經驗的人來帶頭。這些人許多都七十幾歲。他們一早就來，把環境整理得非常乾淨，以便大量民眾能在最舒適的環境活動。這種氛圍比廣告宣傳不要歧視老人的效果更好。因為大家看到老人可以貢獻，而且健康老人聚集，他們的穩定性很高，不會到處跳槽或隨意遲到不來，對大型賽會是加分。

讓更多老人就業，還同時改善退休後的生活品質，已被他國視為效益很大的投資。臺灣長照資源非常有限。大力推動老人再就業是降低財務負荷，增加老人可支配所得，鼓勵老人繼續找到公義存在價值的方法。以後地方政府與民間再推動高齡友善，可以走出把老人當弱者，而更把心力放在支持他們再就業，甚至再再就業。從制度、態度和工具著眼，創造高齡友善條件，則臺灣高齡人口勞動力還有很大潛力。對急速老化的社會的永續發展，當然是加分。

▼ 擅長家務的女性長者就近社區服務，既賺錢又有社交也彌補鄉村人力不足。（圖為日本山口縣公共澡堂）

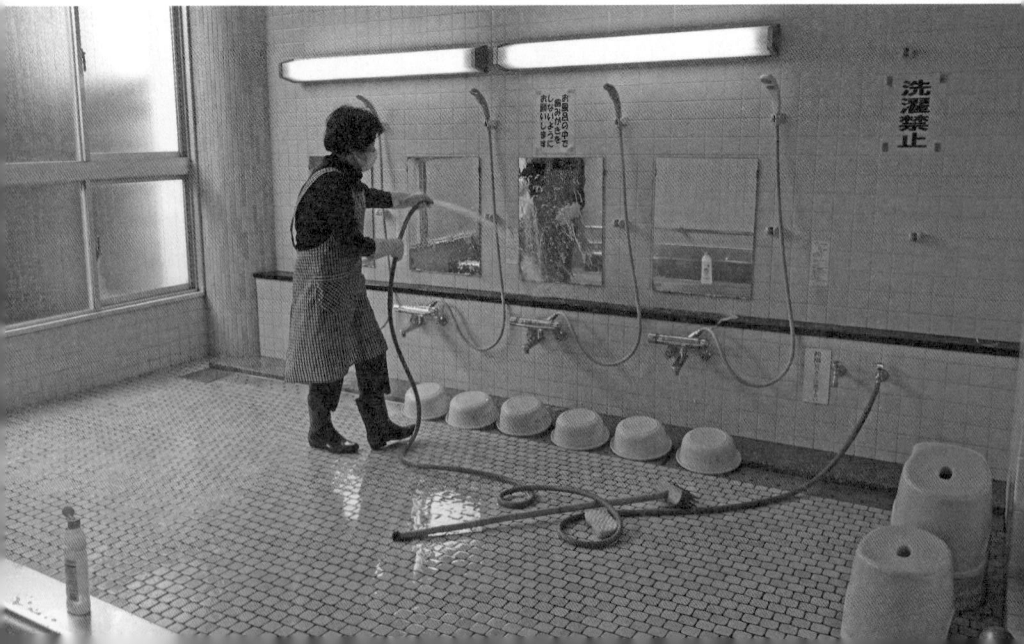

11 日本「桃李咖啡與社區營造」的聯想與啟示

日本長照經營者形山昌樹來臺介紹他所經營的「桃李咖啡」[5]，聚焦改善一般老人與失智老人生活品質，從小規模實驗摸索永續經營之路。不能說有偉大的成就，但已累積心得可供其他有心改善長者生活的人參考。就形山昌樹分享的資料來看，「桃李咖啡」並非起於政府政策，更非政治人物速求亮點的產物，而是起於他有一次聽到建築界朋友說，希望打造以後自己也願意使用的服務。接著反思二十幾年前日本照顧失能、失智仍不夠人性，他根據學理研究結果和熱情，營造失智者擔任服務生的小型輕食店，又讓失智者可能參與後場工作，並同時開發更多非失智的高齡者也有新就業機會。再來，他覺察到有理想，得連結更多其他資源，才能繼續讓服務存在。所以後來成為一種社區總體營造類型。

5 請參考：http://www.c-care.co.jp/

觀察這個發展歷程，再考量日本服務文化發展源流，有以下幾點或可供臺灣有意改善失智老人生活者參考：

一、**同理設計**：形山昌樹聽到朋友說，要打造以後自己願意住的地方。其實設計一個自己都願意使用的服務，是種友善同理，在高齡社會尤其重要。試想，臺灣法律規定老人機構上限六人一間（我在屏東採訪過二十二人一間的），有哪位官員設計這種法律，以後願意去住？住一個平均一天因他人干擾和陌生而只能睡約五小時的場所到終老？所以，友善同理是好服務的開始，但形山昌樹聽到這話時，為什麼願意採取行動？他用什麼方法從無到有設計服務雛形？或許以後可更詳細交流。另外，其實自己願意住的地方和使用的服務，也會隨時空轉變，戰後嬰兒潮就與前代不同。有了這麼人性的出發點，還可以搭配科學方法更完整周延的落實。最終不只讓自己也願意使用，而是讓更多以前裹足不前的客戶，都能看到新的經驗和希望。

二、**價值基礎**：服務設計是近年歐洲與日本長照研發的基礎知識。歐洲有基督教文化傳統，對於與自己非親非故的人，怎樣看待他們的價值和為什麼要顧念他們，在《聖經》有清楚的論述。日本則有武士道與近代服務業和工作敬業與積極學習的文化，這些已讓某些新的服務要怎樣開始，形同內化生命和生活風格一樣自然，並有由下而上幾近全民運動的學習態度不斷更新作為。臺灣還需要強化這方面基礎，但強化的根本來自何種倫理思想與方法論？

三、支持發展：「桃李咖啡」開闢機會給失智者當服務生。可貴的是，與先前臺灣媒體引述的日本送錯餐餐廳不同，這固然鼓勵包容，但可能有讓失智者被看笑話的嫌疑。「桃李咖啡」不是只靠顧客包容，而且想到設計失智者能使用的菜單介面，又在後場按著失智者還能做的工作繼續投入，這比被限制活動而由他人代勞的日子更有尊嚴。這背後和丹麥長照教科書失智那章的第一頁說得很像，「照顧者要瞭解並接受一個事實，就是失智者和一般人一樣，有追求自我實現的期待。照顧的責任，就是支持弱勢的自我實現者繼續追求生活期待」。「桃李咖啡」至少映照出在工具、互動、流程等層次支持失智者的作為。換言之，這是對失智者的服務，讓他們服務別人。在芬蘭的身心障礙社區人才派遣中心把這種理想更發揚光大，引申到全人照顧[6]。或許「桃李咖啡」和臺灣也可做為參考。

---

6 請參考：https://www.nokiankaupunki.fi/sosiaali-ja-terveyspalvelut/vammaispalvelut/kehitysvammapalvelut/tyo-ja-paivatoiminta/kahvila-vohveli

四、由下而上：「桃李咖啡」後來走向社區總體營造。意涵是大家參與和資源配合。若引用近來服務設計界經常使用的商業模式藍圖來分析，其實就是外部協同組織那個欄位。第一個牽涉到我們怎麼界定社區或社群，是以村落嗎？或共同生活特性的人？不同思維輔以科學方法釐清資源間距離和可行性關係，將讓我們看不見或看見更多可能。「桃李咖啡」已有社區行銷活動，定期讓更多人理解其理念，吸引不同背景民眾參與，或許下一步能更制度性讓年輕一代投入會更好。例如在芬蘭，許多大學相關科系同學被導入短期工讀來支援特殊照顧，也是雙贏，而且還沒畢業，社會儲備更多打破成見又有經驗的人才。臺灣早已推社區總體營造，但有多少是出於基層？政府常以補助支持某些新生活理念，一補助就很怕沒讓長官歡欣的成果，或者形成明星社區。但「桃李咖啡」看來，始終自己摸索，出於自願善用中年者的人脈與經驗見識，在實踐中逐步成長。這似乎是比較實在的方式。

五、落實尊嚴：關於形山昌樹提到追求失智者是主體，這不是很新鮮的觀念，可是怎樣落實真是挑戰。要注意的是，失智者認知功能退化，但也不是全部失能。另外，失智者情感部分因認知退化可能放大敏感度，而且情感部分本來就不是隨認知對應幅度退化。能善用情感部分，搭配認知還存有的能力，加上照顧者的態度，才能創造失智者更多的主體感，進而增強安全感與尊嚴。「桃李咖啡」有掌握這種精神，但隨失智者退化和諸多科技進步與社區改變，必然還有更多方式可以維繫發展失智者的主體尊嚴。如荷蘭，甚至有音樂系樂團讓失智者來按著他喜好的方式指揮，配合失智者演出，也是例子。

那「桃李咖啡」的下一步呢？

在歐洲，近年已累積的經驗指出，失智者異常行為、言語必有原因，要瞭解原因來幫助失智者度過困境。而六成持續的困境可能不是來自失智者本身器質性病變，而是照顧者所營造的環境與溝通方式，是我們對「失智症」認知不足，造成他們難以發揮長處確保自主尊嚴。

當在地老化和失智友善社區越來越受到重視，也被認為是比集中機構和脫離熟悉的住處更人性的終老方式，臺灣和日本以及歐洲老化國家，勢必在老人佔社區總人口的三成、四成，甚至五成時，得摸索更合宜多贏的生活模式。這挑戰了生命根本價值，和群己倫理關係。「桃李咖啡」的發展歷程，有許多小環節可找到價值思維激盪的縮影。臺灣急推長照時，實不能忽略釐清價值共識，也要給一點時間，讓更多、更好的服務長出根，再開花結果。

12 帶動活躍老化的日本賽艇業

日本人口老化，帶來社會福利壓力，因而開闢各種經費的來源。賽艇是其中之一。前往山口縣卻看到有趣的場景，這種活動不只積聚社福經費，本身就有很多老人參與，對臺灣未來或許有些啟示。

賽艇是二次大戰後由外地經商者引進，後來地方政府以此規劃如運動彩金一樣的活動。舉辦最適宜的環境是內海，岸邊有觀景樓。由於風大天冷，許多下注的人就在樓上透過窗子觀看，也有電視牆轉播，並更新賽況。觀景樓還有餐廳、貴賓室、兒童遊樂室等各種設施。

在山口縣看到的老人參與有三類，第一類是高齡再就業，第二類是來下注的老人，第三類是參賽當選手的老人。一個賽艇活動雇用六十位長者有薪水工作，領班七十五歲，他們主要負責清潔。老人睡得早、起得早，一早六點就來，要讓九點後開始的活動有乾淨完善的場地。領班退休前是毒物與重大災害的消防主管，他對環境安全與預警很有經驗，他帶領這個團隊服務，成員都是銀髮就業媒合中心引介來的。

日本人很重視工作，從工作感受自己的價值，也從工作感受到仍參與社會，對別人有貢獻。許多人退休後，會期待再就業，以維持這種成就價值和存在感。賽艇因為需要很多服務人員，清潔部分老人很有經驗，能為顧客預備完善的活動環境，覺得很光榮。現場下注，就業的老人有薪水，順便看比賽，大家都高興。

除了工作，更多的老人來下注。拿著便當，隨選手表現吆喝，

▼ 習慣早起的長者來賽艇場清理，符合業者時間需求是雙贏。
（圖為日本山口縣賽艇下注區）

手拿著電腦記分卡圈號碼下注。不用提醒，他們就很專注。有位醫師就說，能幫老人刺激頭腦的活動很多，但重要的是要有興趣，效果好的活動若不願意做也是無用。效果差一點點的若願常做，也會有幫助。下注要視覺、要分辨和反應能力，而且有樂趣，所以許多人樂在其中。

更值得注意的是，數百上千的下注者中，大多數是老男人。在世界各老化國家都有共同特性，就是要請老男人出門參加活動，總是比老女人要難。或許老

▼ 賽艇區提供老人除了在家看電視外，另一種樂趣選擇。（圖為日本山口縣賽艇看台區）

男人打拚累了，或許既有活動如土風舞、插花、刺繡不吸引老男人。可是賽艇有速度，很刺激，和看摔角有一樣的替代式參與，讓老男人很高興。一波波的選手比賽，總能引來老男人很激動的扼腕或議論。當然，都沒人下注的選手，也能引來一陣笑談。不過這種情況不普遍。

老人參與賽艇謀生或當觀眾之外，更誇張的是當選手。我參觀的那天，數十位選手分批比賽，想像應該是年輕人的天下，但實際上第一名是一位七十二歲的選手。七十二歲也許與一百歲相比不算老，但是能和不同年齡的人一起比賽高速賽艇，也很難得。當然，賽艇每輪的時間不長，距離也不長，倒是技巧很重要，因為衝出起跑點後要繞行轉彎，經驗很重要，當然還是需要基本操作反應能力。事實證明，七十幾歲能玩出名堂的大有人在。

目前的賽艇業，本意為籌募彩金稅收，但也看到老年男性的舞臺。這似乎意味著，當經營老人活動的人認為老男人很難叫得動的時候，不論體能的，還是認知的，恐怕創造更多適合而有吸引力的活動更重要。要是臺灣有賽艇，也讓這麼多老男人去就業、觀賽、參賽，讓老男人高興積極，少些在家看政論節目發牢騷的，和阻止老伴出門的，或許對老男人的諸位家人也好。

13 珍惜青壯老年——以色列實驗老照老再就業

各國因應人口老化都在研擬對策，其中老年人力開發是主要課題之一。因為新一代老人比上一代健康，能夠善用六十到八十歲，是多贏選項。有的國家如瑞士、奧地利、德國，實施新一代時間銀行。日本鼓勵再就業。以色列則實施實驗方案，以付費可以得金錢薪水的方式鼓勵初老者在社區服務獨居和八十歲以上的老人。目的在給許多年金不足養活自己的人，有機會透過支持和服務別人得到薪酬，同時協助改善其他老人的生活品質。

實施方法是以色列衛福部預備預算，在四個城市試做，招募一些六十五歲以上的民眾，委請長照訓練單位，派出職能治療師等各種專精支持老人生活的師資，讓有意投入者參加為期五天，每天六小時的訓練。內容包含認識老人生活處境、如何溝通、如何創造活動（預備兩百張活動照片，要大家自選想做什麼，反思如何引導老人）、倫理問題（你聽到家屬罵老人或財產，你如何自處？若不經意被你發現老人身上有瘀青疑似傷痕，你怎麼辦？）。

一邊招募進行教室訓練，同時由所有授課老師觀察評估這些學員適任否，也讓學員有機會省思要繼續否？然後由社工陪同到老人的家裡，試試看。如果還可以，第三次以後才放手。通常這種陪伴服務者一週三次，一次一小時到一小時半。盡量讓相同陪伴者對應相同被服務者，因為這樣溝通起來比較方便。

教室學習和實習後，有些學員自己感覺到不是他想做的工作而退出，也有的在訓練期間的態度讓老師們覺得不合適此職而徵詢勸退，之後才變成穩定的服務。

這些服務的初老者來自不同背景，老師、警察、商人、退休護理師等醫療人員都有。因為是和自己退休前做不一樣的工作，實質上就是投入新的職場。大家需要摸索、觀望，瞭解自己合適否，是很正常的。也有些人非常高興，在初老階段能把精神用於服務人的職業。

這種行業的薪水不是很高，但是增加了人的互動，對被服務者和服務者都有好處。在以色列，有公家保險制度，也有私人保險制度，但還是有很多人不足以支付退休生活。這方案提供多贏機會，同時也是因為老人服務的志工不足。以色列是志工普及的國家，然而服務老人還需要更多志工。老人來服務有世代接近的優勢。

由於並非所有獨居者都願意，或有安全感考量願意讓陌生人來家裡。後來以色列又開發虛擬關懷服務，也就是利用媒體科技，鼓勵參與計畫的初老者去瞭解某些獨居者的需要和特性，先透過影音媒體預備獨居者喜歡的活動，如音樂和閱讀等，讓在家老人有機會先互動。如果大家快樂，用這樣的方式也很好。如果希望進一步碰面，也非常好。提供彈性，讓雙方都好。

目前主要陪伴活動包括聊天、購物、閱讀、小型活動等。因為上一代有的人習慣工作一輩子，新的制度叫人退休，讓有些人不知道怎麼過日子。能有這種新支持總比讓人天天不知道怎麼辦要好。就算請外籍看護，看護的文化差異也不比本地老人更容易互動。缺乏互動，加速老化又無生活品質，當然社會成本也很高。以色列早已發現，若不全力維持健康，一旦跌倒，就更容易二次意外。

比起瑞士時間銀行，這種以色列模式誘因更高，但是怎樣找到適合的人，並且提供更廣泛服務，以滿足獨居和老老人在家需要，還需要觀察，因為每位在家老人期待不同。可是這個政策至少非常清楚的，是要發動初老為資源，提供初老生活支持，也藉以支持更多人不要提早去護理之家。如同其他部分國家，去住機構等於宣告進入最後一站，而且可能還要與陌生人共住一間。如果多在家，生活品質更好。

目前臺灣有些縣市在推時間銀行，也有的仍期待志工服務。但觀察老人增加趨勢，以及臺灣初老民眾對服務人的興趣（怕麻煩、怕惹事、自己身體狀況）。到底臺灣要怎樣補強老人社區照顧缺口？還有待摸索。臺灣當然也有很多初老者有經濟困難，如果訪視陪伴和進行活動是新選項，至少多一種選擇，增加收入也利他。但一切都要試試看。以色列這個計畫適用否，難說。至少以行動試試看，並且有嚴密的訓練和用傳播科技破解以前的困境，總是值得參考。

高齡學習可以更多元

14 推動高齡學習別再找小學麻煩

有位小學老師來訴苦，因為政府推動樂齡學習，相中少子化後中小學教室空出，有空間推動高齡學習。小學不像中學升學壓力大，介入引起反彈更大。要小學兼辦樂齡，而且小學行政運作有經驗，省去政府推動風險，甚至朝代間共學美夢前進。這讓小學多了業務，抱怨專長是教小孩，為什麼教老人呢？每學期像等待督學一樣，生出厚厚成果報告在大桌，要博取輔導團滿意。

苦水不只於此，後來要監督政績，由大學教授成立輔導團四處查看。這下子讓小學不但多接行政，還要負責業績，追蹤改善。抱怨者說，開起輔導會議，教授輕易就開口指導，「一班五十位老人太少，應該增加」，但未必說出具體建議。這一句話，承辦者當場要謙卑稱是，還要在下次會議解釋後來怎麼努力？有沒有增加老人學員？可是兼辦業務的老師要去哪裡生出越來越多的老人學員呢？又怕被說績效不彰影響考績，煩惱的很。全臺恐有多處樂齡據點有相似處境。

平心而論，小學有老人來學習是好事。但解讀問題，其實第一個問題在臺灣一開始就是由上而下，而且與基層老師缺乏足夠正向溝通，以致習於現狀的慣性加上工作繁多，還有不熟悉老人，甚至害怕老人難駕馭、有傳染病、會侵害小朋友的老師都有，以致一直有負面心態。長期下來反而不利推動政策。至於輔導團，不給意見也不對，一直要人家增加人數，除了增加壓力，是否真的推進延緩老化和鼓勵積極參與，頗有疑問。

臺灣社政體系早已有長青學苑，目前還有關懷據點與日間照顧中心，晚近又來個長照ABC。雖然表面區隔說樂齡是學習領域，與失能照顧不同。但實際上關懷據點也是健康老人，也有許多學習活動，他們不必一定要去小學，還有更多別的地方可去。如此一來，要小學老師怎樣強力招攬人數呢？有的地方乾脆教育、衛政、社政其績效都是同一批老人，或挪移變出績效。這消耗資源，也與積極的高齡政策有距離。

同是少子化嚴重與臺灣、日本並列世界前三的芬蘭，迄今絕少要小學老師兼辦或負責老人學習。僅只邀請少數老人協助或參加某些小學正規課程，豐富學習內容。這方面倒是值得借鏡，已經涵蓋歷史、音樂、家政、美術、體育、舞蹈等樂齡學習如第三年齡大學等，是由參與者為主來討論怎麼改善困難，自己找老師，甚至老人互相當老師。一群老人哪裡方便哪裡去，哪裡快樂哪裡去。我十多次觀察，他們很少聚焦增加多少人。如何找出更有趣的學習活動，能活著有意義，具體延緩失能，倒是一直列為重點。

至於丹麥，數百年來早有聞名世界的民眾高等學校，高齡化後其中一部分專門經營老人，場地設備和內容都由老人商量，不必也不會動小學的腦筋。政府會去抽查補助者要好好上課，但這與小學無關。許多時候根本是四處旅遊學習，也不需要去想小學閒置教室利用。倒是小學可將餘裕空間，發展研發教育或更有品質多樣化的學習空間。各國國情不同，但兩國之例可助省思我們的現況。

展望未來，若是推動健康老人的學習，目的是豐富當下生活，裝備適應社會變化，延長獨立自主，讓新銀髮族好過而且能有更多貢獻。至少衛政、社政和教育體系要能互動，減少資源浪費，降低小學被迫投入。更重要的是，從老人追求理想的角度去設想到底什麼場所最合適活動？與適合怎樣的活動？和誰來幫助促成活動？我們早晚會走向這種方向，只是越晚，更多人抱怨；越早，更多人專業做專業，大家受惠。

時間銀行在臺灣的想像

15 瑞士人力時間銀行在臺灣可行否？

近年臺灣許多人轉傳瑞士人力時間銀行的故事。瑞士銀行很有名，但這裡講的不是錢，而是在年輕或年老還健康的時候去照顧人，以後自己不行了，也可因自己累積的小時數而得到後進接手照顧。

臺灣一向喜歡向外打探追求夢想，從遺憾現在不是荷蘭人繼續統治，到這篇瑞士故事，又在逐夢。其實，荷蘭對自己國內和對殖民地不一樣，而這人力銀行制度，十年前臺灣弘道基金會成員也在日本打聽到而想模仿日本做。不論這是有點預積功德意味，或可看成學習彼此善待，這不能和志願服務混為一談，或可說期約照顧。

然而，你做在別人身上，跟你期望別人完全一樣的做在你身上，這背後有怎樣的條件？在臺灣可行否？或許從以下的討論可以更深入思考，而不是只停在能複製或不能複製這樣簡單。

雖然臺灣沒幾個人親眼見過瑞士人力時間銀行運作，但就國情來看，姑不論社會貧富，至少得在國民有穩定素質和互信及重視承諾的社會。我在瑞士時，當地人說，房子價值看你鄰居是誰，而且公寓夜間十點經公約，不可洗澡，甚至不可沖馬桶，以免噪音吵到鄰居。傍晚後也不可倒垃圾以免聲音、氣味干擾他人。所有停在社區停車場的車，車頭必須向牆壁以避免車尾向牆壁而排氣管把牆壁弄髒。人人要遵守，你不遵守，馬上有人問你是新來的嗎？

瑞士是這樣素養的公民社會。某天早上我在高雄大街走路，有人自家施工，把幾輛車堵住，人行道全佔滿，行人無法走，只好繞大馬路很危險。強佔人行道，是因若停在馬路上不在車格的話，會被開單。停到人行道不擋車流，開單風險低。這是大學教育遠遠比瑞士普及的臺灣常發生的行為現象與生活態度。

時間銀行要在重視承諾的社會。如同比這制度更早，德國和瑞士對一生服務的修女或執事（新教的社會醫療等服務人員），也承諾對他們老了必不離不棄。我多年前在德國住在這樣終老的地方，所以，這不是全新的想法，在一生一心追求對上帝忠誠的體系早有這種做法，然而那些服務人員也不是因這個才投入服務，因為依照《聖經》教導，無條件的愛別人乃是自己生命改變後的生活風格，讓他們安老是後輩對他們展現學習上帝的愛的行動。

臺灣人拼命傳這瑞士故事，分享欽羨夢想也替代對現實痛苦的無奈。其實，不必對現實無奈，因為只要有意願，願行動，凡事可改善。只無奈又等別人改變，甚至不接受改變，是我們自己的態度出問題。因為我們太多負面思考，我們得思考心中對愛不能有對象階級，更不能把照顧人看為骯髒行業。這是許多人心中的有成見的一種職業安全舒適區，要能解放才可以。

即使知道瑞士人力時間銀行有文化條件，我們仍應持開放態度，鼓勵臺灣誰想試試就做。因為做中學，可以找到我們的機會和怎樣可行。不然仍然只是反映我們愛旁觀又愛期待，認為什麼都是政府和別人的責任的慣性。

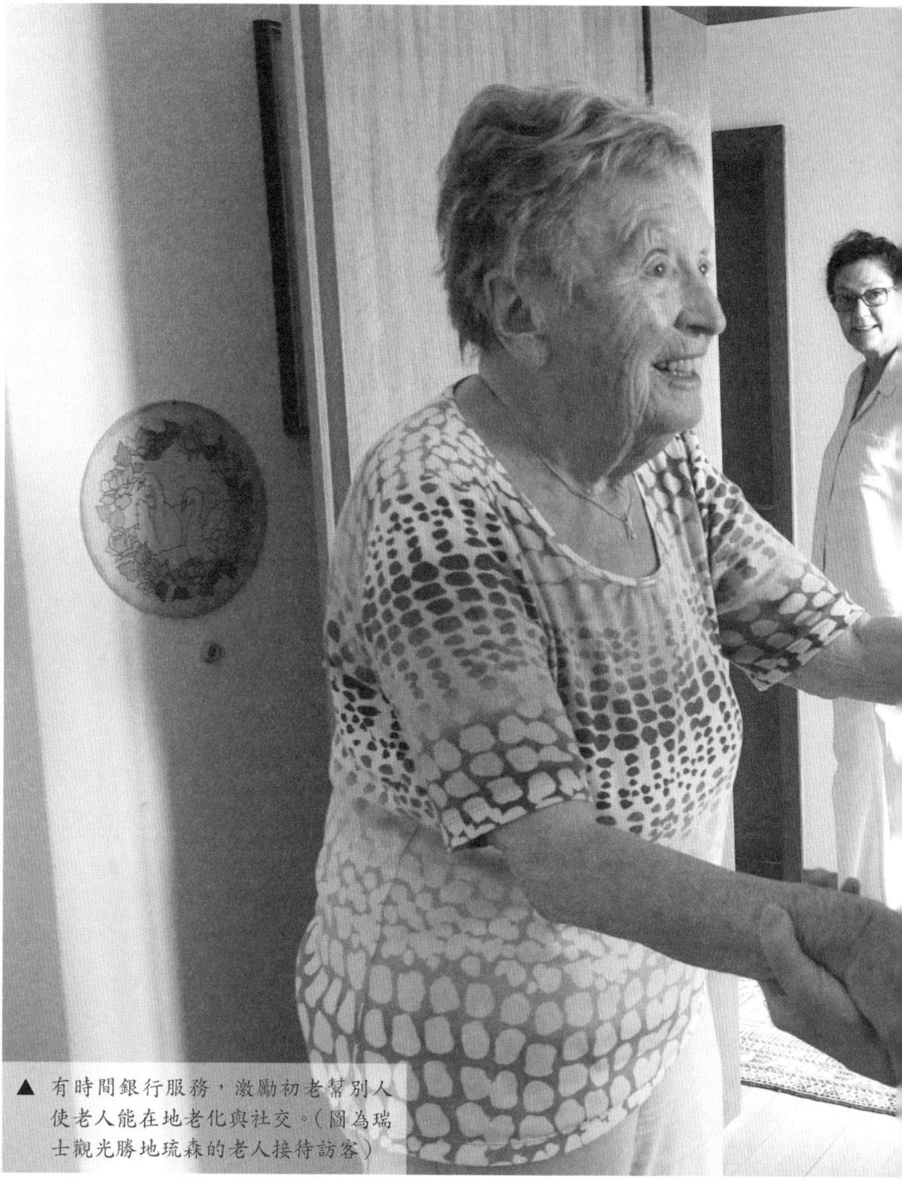

▲ 有時間銀行服務，激勵初老幫別人使老人能在地老化與社交。（圖為瑞士觀光勝地琉森的老人接待訪客）

第三階段

熟齡生活需要的支持與引導

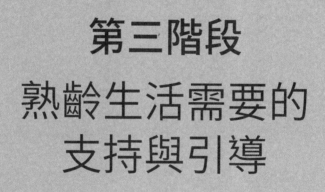

長照服務

臺灣長照機構的下一步

16 我們需要更科學方式發展長照服務

數年前，丹麥用「嚴肅玩樂高」方式，和荷蘭、芬蘭大學服務設計系與實務界人士，一起發展未來護理之家。後來，「未來護理之家」成了一棟經典新機構。在社區中而非社區外，讓失能不再適合獨自居住的人有去處，也增加民眾互動。

不少臺灣人去參觀，看到先進移位機、離床偵測等設備東問西問，問這要多少錢那要多少錢，讓認真接待，想陳述服務內涵的接待者覺得怪怪的，後來不再有很高意願繼續接待。

其實也難怪，看得見的硬體總是炫麗吸引人，隱藏其中的服務熱誠、互信與態度總是要慢慢發現。同一時間，臺灣許多地方在爭論蚊子館，為什麼花許多錢會出現蚊子館？部分設計者抱怨政府發包卻一直打折，難以符合原意。或者政府預算有限，所以只能得到這樣水平的成品與服務。真只是如此嗎？其實在長照需求多的先進國家，也有預算有限的問題，但決策方式也將影響服務與硬體投資成效。其中一個例子是服務設計方法，誰參與設計？如何設計？

以「未來護理之家」為例，要蓋一個機構，曾用樂高玩具等工具邀請可能使用的老人一起推演服務期待和需求，在自然情境、良好氛圍、平等安全的溝通中，逐步推演歸納到底客群老人在意的生活價值為何？由人類學家在旁聆聽記錄老人談話重點與脈絡，再用商業模式九宮格推演。本於這樣的價值具象化的服務是什麼？實現服務的主要資源是什麼？如何損益打平？誰是主要合作夥伴？如何爭取客群和如何維持客戶關係？初步構想找到，再拿著去客群社區擴大驗證修正。最後再明確化，到底新的硬體需求在哪裡？新的服務期待如何協調的建置其中，而服務人員如何掌握本質保持設計原味？以「未來護理之家」而言，為此，服務者就要一整週的訓練。

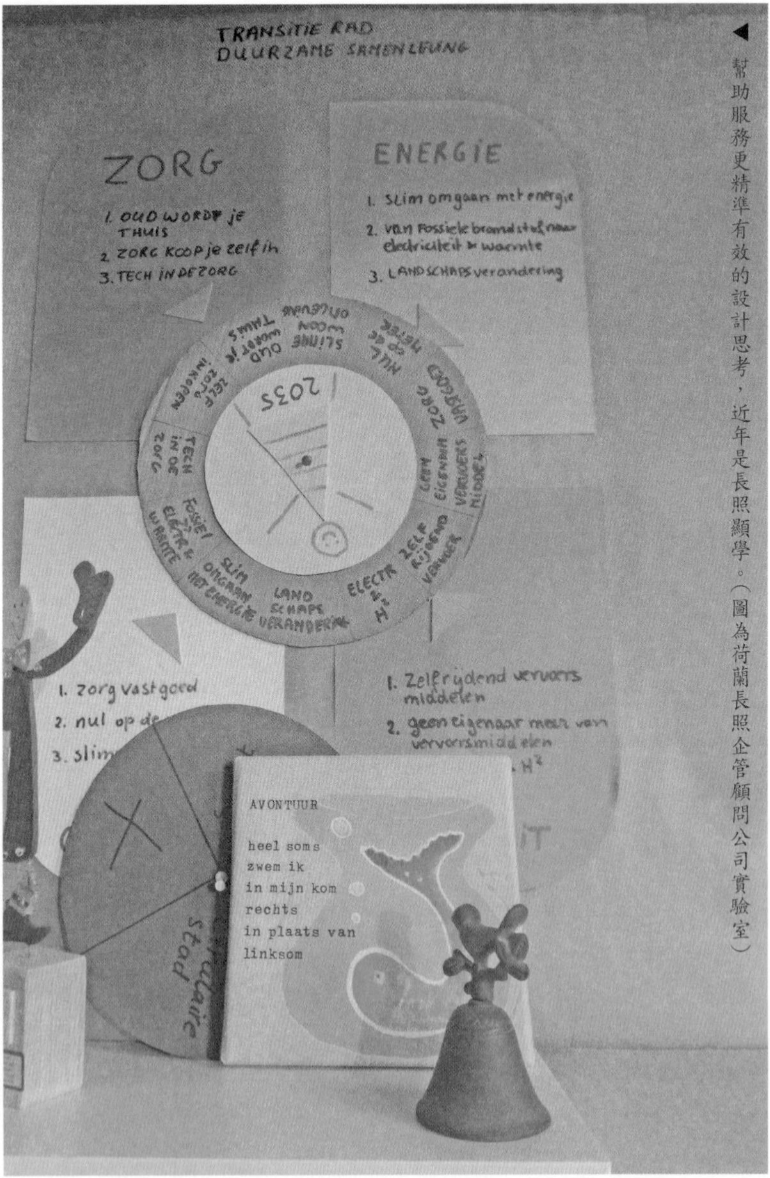

◀幫助服務更精準有效的設計思考，近年是長照顯學。（圖為荷蘭長照企管顧問公司實驗室）

北歐人常說，一個計畫花五十分鐘討論，十分鐘執行。意味著前端審慎系統化並有共識，執行後「怎會這樣」的意外和重新打掉再改的機會就低。一步步來和行政效率差延宕不同。

現在臺灣的年金方案和長照2.0都在積極執行，政府期待更快讓民眾感覺到服務進步。預備了許多經費，甚至多到撒出去撒得辛苦，因為基層體系不一定吃得下來或配合資源到位。許多日間照顧中心興建和剪綵，但實際是否合用？舉幾個例子，有一個日照中心外包，外包商熟悉政府採購與政績期待，買了許多木頭床，說要讓長輩午間可以休息。結果占了空間，縮小運用彈性，其實伸縮椅更好。但買了就放著，最後留在倉庫還因是公產，丟掉也不行。

另一個例子，專門照顧失智的日照中心，五位老人按表操課，玩有水果圖像的紙盒遊戲和卡拉OK，不喜歡照顧者預備的活動也不行，更不用說個別化。但剪綵看不到這些，評鑑看到有設備和快樂活動的照片檔案資料，都可評鑑優等至少甲等。可是長輩快樂嗎？

還有個例子，地方政府想拆大軍營來建長照園區，其實裡面自然環境保存好，房舍可用。但幕僚已經從全部拆蓋高樓著眼，因為揣摩上面的期待是要有大得看得見的建設。這是考量長照品質的優先嗎？

「嚴肅玩樂高」不過是千萬個務實研究方法之一，以服務設計來統合長照設計，是希望服務有所本，有限投資永續經營。國內現在長照規劃設計發言權非常重視醫師，可是從長照重視生活照顧與延緩失能來說，不論機構和日照甚至關懷據點，都不等於「醫療加有一點活動」，也不全是急性醫療延伸，更不是閒置和經營不善院所的再利用而已。

急性後期、社區緩和醫療的確都要有醫師意見，但絕不是把醫師奉為主導，以大家來配合的方式來研發溝通。那可能有許多盲點，讓其他實務經驗進不來。

國內長照服務要進步、要品質、要節約，也許是從每一個硬體和每一項服務發想討論是否有良好氛圍、平等安全的溝通出發，並用科學方法找出最適當決策。否則，今日一個個剪綵，來年一個個蚊子館或打掉重來，和器材堆倉庫，臺灣還有多少錢可以這樣用？

17 老人活動據點應加值升級

因老人增加，臺灣各地過去幾年在政府支持下產生許多關懷據點和日間照顧中心，目前有供餐、訪視、打電話問候、健康促進等功能。比起沒有這些功能，我們進步了。但是幾年下來，從各地屢次參加交流觀摩過程可見，拓點增加數量績效外，如何有更實質效能回應多元社會需求，和如何永續經營而不繫於特定一、兩人支撐，還有許多努力空間。

一、**定位：**據點和日間照顧都會邀請老人來參加活動。如何能做到活動讓所有來的人各自得到樂趣？就拿很重要的音樂活動來說，不應只有卡拉OK一擺，還可以有許多欣賞和操作活動。有的地方還因為政府年年辦銀髮活力之類的比賽，花許多時間要全體專練配合評比競賽的比賽專屬活動，不無剝奪個別樂趣的疑問。在北歐有個經營理念，將這類據點日照等視為為了回家有足夠能量因應挑戰的充電地方，也就是不僅得到樂趣，還有多樣社交機會，儲備能量。如果瞭解許多老人真實生活處境就知道這真的很實際。因為許多人獨居，有心事或一點不舒服會擔心。若和老伴相處，有的已經忍耐一輩子，或與子女相處

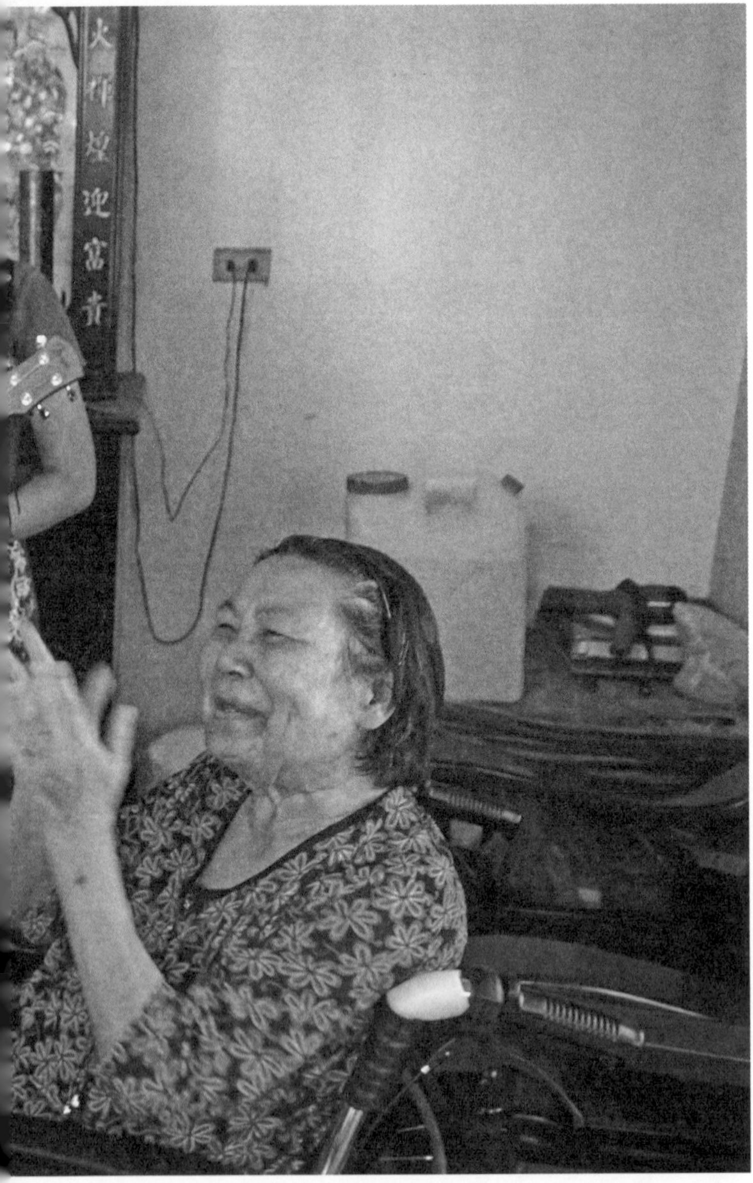

不得意，這些負面因子若能在白天來活動地點得到支持抒發和轉移，回到家裡都比一直困住要好。或者能將在外面活動的經驗帶回家裡分享，成為垃圾帶出來，樂趣帶回家的人。

▲ 送餐加音樂活動吃得更開心又有陪伴刺激。（圖為臺東聖母醫院送餐與音樂服務）

二、**自給：**現在是高齡少子社會，值得注意的是社會勞動力迅速下降。各國都在加速拉升高齡者延長退休、延續生產力。因為不這樣做，吃福利的人快速增加，生產者減少，社會怎麼平衡營運？過去多年，高齡者少，經濟相對富裕時，關懷據點和日照被視為社會福利產物。本文寫作時，國家主導這些地方的經費和人事仍以社政為主幹，但福利導向已碰到挑戰，未來勢必要據點和日照能走向自給自足。目前臺灣有許多地方向中央表示，因所在地居民貧困和民風等等因素，必須仰賴政府補給。但陸續也有多處開始成功發展自費規則，甚至以資源回收等方式增加經費也做好事，還有許多據點日照生產的手工產品創意一流，卻以材料來自補助不宜買賣自限，太過保守。展望未來，增加生產性活動，讓生產性活動與延長獨立自主的健康促進融合非常重要。

三、**服務：**老人需要被照顧，這個觀念反映社會友善。然而實際上六十到七十五歲老人，多數還健康，即使再高齡，也還有很多人存有若干能力。應創造可行彈性機會，讓他們能伸手幫助更失能的人，和其他可能需要被幫助的人。在北歐，這類不只幫助自己人，更擴及幫助他人的生活風格，起於基督教，已經連結世界各國的需要而出手。常常老人活動有報告世界各國需要和支援現況的會議，拓展視野、跟上時代、發揮價值，一舉數得。

臺灣有不同的宗教文化，但若侷限幫自己人，生活圈圈會很狹窄。另一方面，據點和日照對老人提供的服務也可以更多樣，以便老人來一次就可以解決多種日常生活需要。在北歐，本於此理念，提供洗衣、做頭髮、足部預防護理、借還書等多種服務。更多樣服務不是花更多錢，而是提供更多方便和更多經濟活動。

四、平等：這包括性別、族群、教育水平、生活背景等多種可以思考的觀點。以性別來說，男人平均餘命不如女人，所以活動場所女人多不奇怪。但太多活動適合女性而缺少男性舞臺很可惜。在北歐，把管理職務提供給男性，甚至發展男性角落，開發老男人喜歡的雜誌、手工、共同欣賞活動。當然，有若干活動可以不分男女，只要情境友善，例如裁縫和烹飪，都是創造性活動也能支持日常生活需要降低支出學習新手法。至於族群，已經看到不少臺灣地區的據點和日照因所在地有不同族群，往往優勢族群掌握資源經營得有聲有色得到政府特色獎勵，但同一地點其他族群卻因生活方式格格不入而更疏離。所以政府支持這類地方時，若為公共資源，就應更注意讓更多人都可以平等得到，這也才能達到政策目的。再就教育水平與生活背景而言，不可有刻版印象，但也要考慮他們的習慣，本於成功老化的本質提供適性接軌的互動方式，例如高雄有個公園，許多男人一輩子習慣在此

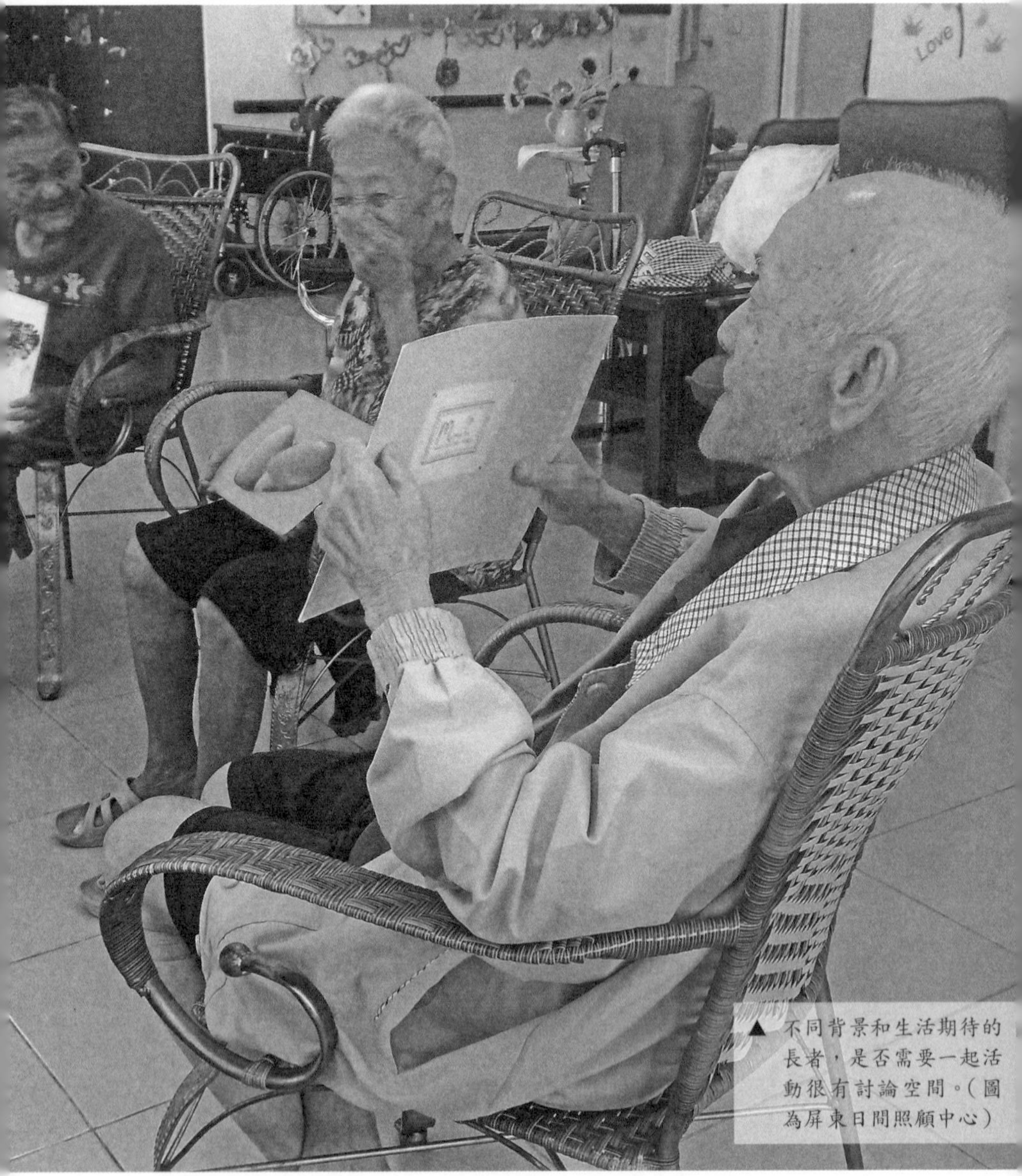

▲不同背景和生活期待的長者，是否需要一起活動很有討論空間。（圖為屏東日間照顧中心）

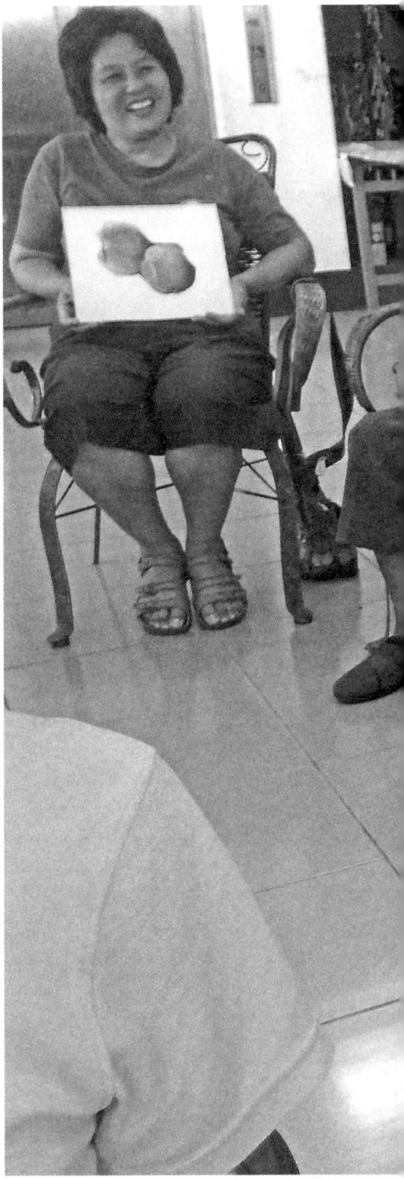

賭博，另一群是公教退休，往往資源由後者重複取得享有，但前者也是國民，就確保更多國民健康而言，也是可觀的群體。

臺灣在推長照2.0，意思是長照十年計畫後另一個開始。實際上我們的據點日照在第一個十年從無到有，一直求設點、拓點弄得很熱鬧表示有政績。現在進入另一階段，其實社會也在變化到另一階段。就人口變化、平等發展、永續經營、有效服務等角度來說，應考慮從福利導向走向自給導向，讓走得快、能做到這方向的加速交流，讓其他覺得很困難、沒辦法，什麼都要別人補助的看到可能。這才能讓長照不是越做越失能，而是社會更有競爭力、生存力。

18 給人自由的奧地利長照機構

我剛拜訪完奧地利護理之家，移動到以色列朋友家小歇。前一天晚上因為以色列朋友是舞臺劇演員，邀請我們去看晚上九點開演的舞臺劇，一小時半演出，所以我們晚一點回來就寢。隔天早上晚一點起來。早上起來我沒有壓力，不需要趕場學習行程，也不用因為配合朋友起床而起床，也不用怕朋友覺得我睡晚一點很奇怪。這真是很輕鬆，更讓我同理幾天前在奧地利護理之家所學習的，主管強調要讓所有老人都得到像家的自由生活。

這個奧地利安養機構體系一共有十家，分布於各地。共同營運特性就是住民想什麼時候起床就什麼時候起床，吃飯、洗澡也是一樣。至於活動，由老人決定。住民告訴我，前一天晚上跑去聽音樂會，若是回來十一點多了，第二天想睡到幾點都可以。我也親眼看到有位一百歲的起床了在沙發上打盹，直到上午十點多想吃了才由照服員預備早餐。

本於相同的經營理念，機構不採用中央廚房配膳，而是在每個住房區的客廳設置廚房，讓住民聞得到備餐味道。照服員有個辦公桌就在廚房一旁，也是開放空間區域內。這樣，住民能更常於生活動線看得到照服員而有安全感，想要什麼可以直接叫得到人；照服員也更容易看得到住民的需要，例如照服員在忙備午餐，可能看到老人吃早餐有的發生困難，可以隨即處理，或者老人吃得比較慢，讓老人慢慢自己吃，照服員可以運用時間做別的事情。

▼ 新一代機構要讓內部設計能配合老人生活步調與自由。
（圖為奧地利村莊教會安養機構）

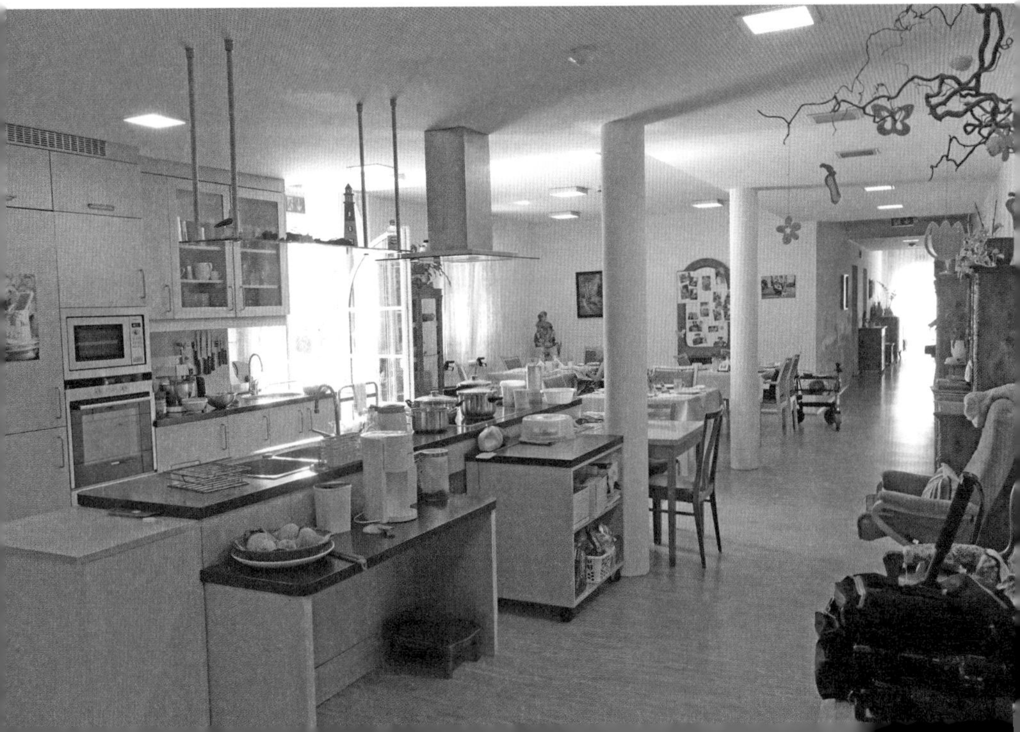

這種生活自由乍聽之下沒什麼，但是如果更瞭解各地機構的營運就知道很可貴。因為許多機構為了配合經營者和照顧者，有固定作息時間處理基本生活需要，反而變成住民去配合。

在一般社會生活，學校、軍隊、監獄，還有一些工廠等有特定原因而採取集體同一步調節奏。可是對已經經過人生大半歲月，與失能失智共處的人還有必要如此嗎？晚年還要繼續這樣的「忍」嗎？

臺灣比起一些歐洲國家，我們的機構更像病房，政府法規容許六人住一間，和陌生人或可能互相干擾的人一起住，一直住到離世。曾有研究統計我們機構老人一天平均睡眠約五小時，不單因為老人難入睡，而是同房間的人和機構內的噪音，加上配合作息，室內一直開燈等等干擾睡眠，這樣如何讓住民健康？如何期待住民精神好而穩定？

若是理解以上差別，再來想想政府容許機構設立的本質，就不免有些疑問。到底什麼是安養和養護？什麼是「照顧」？沒有任何人可以持續睡不好。睡眠品質不佳，對健康影響很多，對情緒影響也很多。

晚近，政府在推動延緩失能，拼命邀請物理治療、職能治療等協會、公會發動體能運動方案。看起來是想與先進國家一樣，讓更多失能失智老人可以延長亞健康歲月，甚至許多人已將之描述為銀髮產業。這到底在成全誰？多運動固然好，但想到生活的自由因為離開家而被剝奪，連基本的自主都減少，不先改善造成的原因，是不是有點捨本逐末？老人又如何能愉快自在的去運動？

在奧地利這個機構，雖然不稱失智機構，然而實際上因為大家太老了，一半以上都是失智。可是很難看到所謂噪動遊走和攻擊行為與言語。很根本的原因是安全感以及能過想過的生活。有的人餵鳥、有的人一起吹口琴、有的看報、有的在排戲。照服員不必花很多的時間去研究如何化解老人對抗照服員的「照顧」。

在臺灣和其他國家，照顧者在職進修常觸及困難照顧的處理，希望減少衝突和彼此挫折。或許我們真的可以想想，當我們看到機構老人不好照顧，究竟我們提供的「照顧」如何影響老人生活？有哪些方式製造了問題？

行文至此，讀者或長照界朋友可能要問，是不是奧地利這個機構比較有錢？事實沒有，誰都可以住。或許大家會問，是不是照顧人員很多，事實上沒有差別很多。以這樣多失智住民來看，一比六不算非常寬鬆。另外他們有不多的志工，還有非常有趣的特色是輕

▲ 用快樂自然歌舞方式，引導失智老人起身去看病。（圖為奧地利失智日間照顧中心）

度失智的不斷幫助重度失智的。這是通常不會在一比八或是一比六照顧比的「事實」看得到的「真相」。

主管從十二年營運累積經驗而用堅定的眼神告訴我，行得通！照服員非常自信的告訴我，照顧者懂得安排所有工作的能力是非常重要的。同時，所有照顧者和管理者要有一致的信念來經營。

從環境設計到營運設計，再到第一線照顧溝通互動，奧地利機構展現真正看重人性可以產生的生活品質。這樣對住民好，對照顧者也好。可以成為我們接下來的選擇嗎？

19 臺灣需要什麼樣的老人照顧住宅？——他國連想

年紀大了該住什麼地方最方便、有安全感、又能做所有想做的事情？還負擔得起！哪裡去找這樣的地方？在家最好。是年輕時一直住的家嗎？不便開車後，地點還方便行動嗎？一下子有什麼不舒服，怎麼樣馬上找得到幫助的人？先不用擔心死了沒人上墳，恐怕活著到這時候就已經找不著人幫忙了。住安養機構？那要花很多錢，還要配合照顧者，說不定還要配合作息，更重要的是，以臺灣現況來看，還得和好些陌生人住一間，好像醫院病房一樣。員工聊天、吵架你不想聽也要聽，這樣尊嚴還有多少？自主還有多少？

以上這些是在銀髮族圈圈常常有的話題與說法。因應這些憂慮與期待，於是照顧住宅出現，也有稱為支持型住宅的。大體上概念就是介於原來住家和安養中心之間的一種居住方式。要確保老年人煩惱又希望隨時可得到的幫助資源要有。但這樣就可以安老了嗎？

其實，想要尋得適合晚年居住的地方，說來也是很多種因素要考慮，而且人人喜好不同。所以，照顧住宅也發展出很多不同的模式。臺灣南部二十幾年前興建的松鶴樓，後來長庚養生村等都有點往這個方向走。

後來也有南部建商考慮興建這種大樓，但市場似乎未成熟而作罷。因為臺灣人仍以留房子給孩子覺得自己當長輩「有做事」。不怎麼時興自己把自己房子賣了，去弄個專門給老人住的小房子，怕以後賣不出好價錢。租，那更沒安全感。但嬰兒潮世代會轉變否，還要觀察。

除了以上提到的種種考慮，還有生活型態與文化價值等因素，以及新環境的社會連結資源如何（與從舊環境移出所失去的），也會影響人們怎樣選擇和投資老年住處。曾有搬到養生村的人又搬出來，覺得與世隔絕了。以前想，遠離紅塵得清靜，但後來覺得在冷風高地挺孤單的。所以，到底老年需要什麼？個人在意什麼？在財產部分，怎樣與下一代互動？都很值得想清楚。謀定後動比扼腕終身要好。

接下來，看幾個國外的例子。首先是以色列，連鎖支持性住宅 Palace，這是一位擁有臺拉維夫黃金地段大樓的富商投資的。以我去的那棟在 Ranana 分店而言，四百人住在裡面。有些人靠存款住，或者賣了自己的房子來住，還有的把原住房屋出租，靠年金和房租住在這裡。地點在市區，內部分三區，一樓有演奏廳、大餐廳、游泳池、醫療部門

（雇用了很多資深護理師，倒是比年輕人更能和老人溝通）、圖書館等。這種地方價錢不便宜，裡面住民共同特性是經濟都很不錯。有的九十多歲白天還跑出去工作，也有的天天參加各種活動。

我問社工，活動空間這樣多是否投資報酬低？她說真有活動還擠不下。意思是這裡提供的活動是大家要的。當然也有少數老人本來就不喜歡與人群打交道而窩在屋裡。由於開辦多年，有的人更老、失能、失智，失能繼續住，和臺灣相似，請看護同住，失智就比較困難。

從這個例子可想到，首先是地點，這種住宅選地點很重要，要是Palace都選到鄉間郊外，營運商機和氣氛可能不是今天這樣。其次是住到什麼時候和居住制度設計。

例如在臺灣的老人住宅興辦初期，有的堅持只有健康的可以住，臥床就要搬出。後來發現實務不可行。若容許，又讓還健康的住起來變成好像住護理之家，放眼望去看到的都是垂死景象。尤其臺灣廣插鼻胃管又缺乏照顧，或者變成一大群外籍看護的家，他們比本國人更熱鬧，也有些臺灣老人不喜歡這樣。

在以色列這系統，他們也面臨這些問題，決定入住時不可帶外籍看護。但已住在裡面的要是老了需要，可以找外籍看護進來。初步看來，還沒到外籍看護多到很多的樣子。猶太老人年輕時愛求知，語言能力強，和自主生活意志強或許也有關係。當然沒那麼多看護的原因是這裡的醫療資源很不錯，服務人員也不少。

再看挪威，早就有老人住宅。我去過的一間在史塔萬格市的，地點也不是很荒郊野外。所以誰入住，他們的親友要來拜訪不會很困難。尤其，除兒孫外，老人的朋友通常也不年輕。挪威冬天很冷又容易滑倒，要是這種住宅太遠又荒涼，對朋友訪客也是折磨。

以色列這棟住宅有足夠的照顧人員定時來幫助。如果有什麼需要也可以通知駐站護理人員。樓下有多種會客空間，也可以辦活動。背後的意涵是保留可以就近社交的機會。

我拜訪這戶，先生快九十歲，太太八十六歲。先生得癌症，需要定時照顧。女兒得癌症，住另外一處。但這位老太太仍然可以擔任國際老人旅行團導遊定期帶團，她沒出團時，又幫女兒出版詩作。老太太非常活躍樂觀。

這個故事看到的不只是一位老人找安居，而是老夫婦找安居，讓其中還可以活躍參與社會的能夠繼續，和定期要把先生送去陌生機構以便喘息不同。平時可以住在一起，不必有一人去住機構。房子不大，但是和機構相比，足可把更多二老的家當多數移入，而住得仍很像家，可以繼續延長想過的日子和追求生活理想到最大化。

在芬蘭，在坦裴雷市拜訪過一個號稱歐洲最大的公辦老人公寓。合併日間照顧中心與機構等一起經營，實質的連續型照顧，不用到處搬家。可以容納上千人。這棟樓大到不必出門可以在裡面繞圈慢跑，對寒冷的芬蘭很重要。由於文化特性，三溫暖設施很重要，不但有而且設計的讓失能的都能繼續三溫暖到終老。這是國情與樂趣。芬蘭與挪威都未採用定期契約外籍看護的制度，照顧住宅看不到一群外籍看護推老人或群聚聊天的現象，都是本國人或移居者來服務。

比較值得借鏡的是收費機制。在芬蘭，有錢人和不是很有錢的人，若來住這裡，會依照所得比例收費。例如你一個月年金和其他收入賺一萬，另一人賺一千，則你來住繳交七千，其他是可支配現金，則另一位繳交七百，也和你住一樣並得到一樣照顧。這和稅收原則一樣。臺灣人不一定可以接受，卻可想想其中的意涵與公共效益。

以上故事綜合來看，有幾個思考方向：地點、營運方式、收費機制、社交功能、確保隱私、支持自主、個別需求、照顧資源配置、特定社會文化如何影響建築設計和資源預置、各國福利政策如何影響民眾選擇。或許這些可以發展成「安全感指數」和「品質指

▲ 營造環境可讓失智者安定且有生活品質。（圖為荷蘭豪格威失智村）

數」來做為未來臺灣發展更新一代支持型住宅的參考。

臺灣的社會安全、福利制度、經濟變化和生活觀都影響支持型住宅的發展。臺灣迄今並無較成熟的跨域服務設計養成來支持這種住宅發展。除了「自求多福」這種消極、說了等於沒說的結論建議，或許現在已經是時候，產官學更積極來一起為未來的老人謀福祉，避免太快去機構，也不一定只有居家服務和日間照顧、安養機構幾種選擇。讓臺灣找出更務實的高齡安居之路。

溝通才是根本

20 長照溝通的專業語言和本能語言

「幫你預備的洗澡水已經預備好了」、「你現在不想吃沒有關係，等你想吃的時候再告訴我」，這是多年前從挪威和芬蘭護理師學習長照時記得的表達方式。當時聽了覺得很友善，後來自己在機構實習照服員，想起來更感動。

世界上照顧者真的很閒的護理之家恐怕不多，大家都繁忙，在繁忙中還能以這樣的表達因應失智失能的人很不簡單。不會說「你愛洗不洗」，不會說「不想吃隨你」。因為上述照顧者覺察也提醒自己，正在從事專業照顧工作。不能不經大腦隨興回應客戶（臺灣喜歡稱個案或病人）。要用專業語言和客戶溝通，而不是用本能語言回應。

晚近在臺灣，照服員和客戶發生衝突時有所聞，這對照服員也是很大的壓力。若日復一日怎能繼續工作不出錯或者愉快？照服員和護理師之間也有溝通衝突。護理師本於專業糾正照服員，但照服員有時茫然挫折，因為沒有學過或者一直被指責，已經陷在挫折中。

多半媒體呈現的留不住人，說是薪水不好，意味著錢夠就不是問題。正如同媒體看老人，認為錢很重要，但實際上孤單比錢更嚴重威脅老人才是真相。照顧者留不住的真相，也有很多其實是工作氛圍和人際溝通。以前醫改會也研究過，多半的醫療糾紛發生於溝通問題。急診室暴力防治的經驗也發現，照顧者溝通態度和言語，往往是激化情緒的來源。偏偏這類教育訓練又總是那幾位缺席。荷蘭失智照顧也累積發現，六成以上失智者惡言與暴力行為來自環境和照顧者語言溝通。

失能失智者有不少本身挫折沮喪，面對他們當然是挑戰。若照顧者忙碌，往往看手錶工作或者便於管理而不能牽就老人的步調，再加上以本能言語應對，更容易發生摩擦。照服員直屬上司多半是護理人員，護理人員自己忙或者管的人多，也可能處於夾心餅而爆粗口；或者因溝通不易演變成對問題視而不見；或者本於專業而內心又輕看照服員，導致彼此不信任或照顧風險；或後來難以再從長照第一線的照服員有效掌握客戶身心。

多年前，在芬蘭學習教育，看到芬蘭教師一起努力，建構不同年齡小孩、青少年的獎勵言語和禮物。想想長照，我們怎樣和客戶溝通？照顧者之間怎樣溝通？是否也要慢慢累積經驗分享，減少不加思索僅憑直覺就脫口而出的言語？身為專業照顧工作者，我們得到別人的尊敬，不只在技術成熟，畢竟失能者能感覺到自己仍是個有尊嚴的人，而不是貓狗或定時飼養的籠中動物，最明顯就在於照顧者怎麼和他們溝通。照服員怎樣覺得處於有價值的工作，也在於他知道怎樣和客戶溝通，也被上司、同儕當成有尊嚴的人溝通。

晚近在丹麥的長照教育，經常提出長頸鹿語言和野狼語言。也就是熟悉專業知識後，我們怎樣在職場運用，將專業知識轉化為友善言語，也注意有些敵意、自我防衛或從小個人生活習慣養成，自己不覺得可是一再造成溝通障礙的表達方式，例如，回答別人前先來一句「不是啦」。

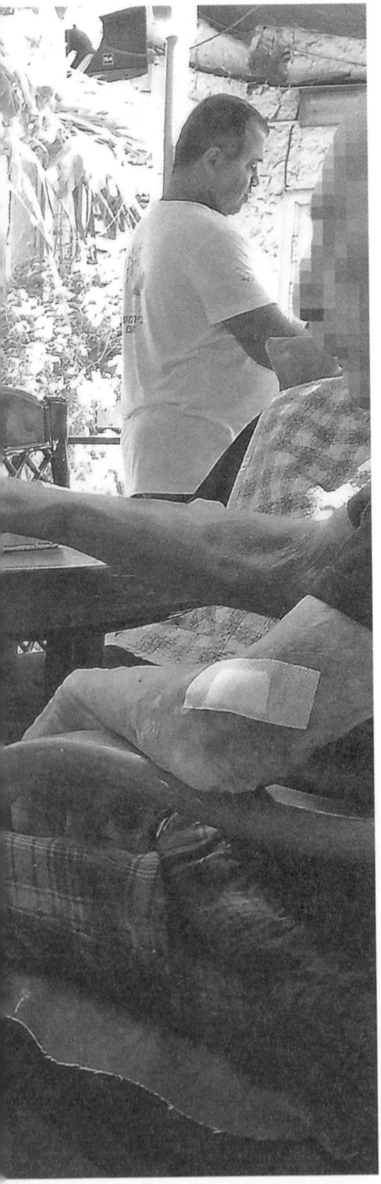

▲ 非語言的溝通讓老人有安全感、受尊重很重要，也避免因照顧者高度誤解老人不配合。（圖為以色列失智機構）

其實我們每天都可能有無心傷害人的言語，例如一位營養師家訪，看到老太太的飯桌和冰箱，就碎碎唸老太太這樣吃有什麼問題，食物那樣擺有什麼問題，好像老太太做什麼都是錯的。營養師本於專業來衛教，但老太太的感受呢？好像自己一無是處。接下來會把可能被罵的食物藏起來，訪談不講實話也不足為奇了，而政府預算就這樣合法但可能無效的用在營養師的薪水。

本文最前面舉的洗澡與吃飯的例子，或許應再補充背景說明。在基督教文化背景國家，那些應對風格，其實若瞭解做禮拜領聖餐時的對話就不足為奇。因為他們從小到大要聽無數遍牧師對走到聖壇前的信徒說：「這是上帝的寶血與身體為你捨的，一切都預備好了……」。我們臺灣有許多民間宗教，或許也有敬虔友善的言語文化，可以轉化到長照情境各造之間的溝通，促進溝通品質，免於衝突，讓彼此覺得是有尊嚴、有價值的人。

什麼教育或素養能夠幫助我們節制言語，常常記得使人和睦的言語，說話能如金蘋果落在銀網子中？我們目前的長照，大政策很響亮，但這些天天發生的基礎細節，卻很少傳承改善，以致新人一再陣亡。這可能是未來更紮實的照服員和護理教育要強化的。

21 我們真懂得聽老人說話嗎？

《聖經》中有個可憐人物叫約伯。上帝和魔鬼討論，上帝容許魔鬼試煉約伯對上帝的信心忠誠，上帝要求魔鬼唯獨不能傷害約伯的性命。

在這個故事中，約伯不僅病痛纏身，親人又相繼離去。他很痛苦，約伯有幾位朋友來找他，沒打算聽約伯講痛苦，就一直出主意，告訴約伯要向上帝認錯云云。約伯後來有句表白，他說：「惟願有一位肯聽我」。約伯其實當下需要的，不是別人出主意做這個做那個，而是有人能聽他講話。他需要向人說出他的痛苦。

在長期照顧過程中，旁人很喜歡出主意。當失能失智的人說話時，我們常本於善意或者想趕快打發，就快快的回應，或者繼續做別的工作，只是用聲音回應一下說話的人。不要說長者，小孩都能感覺出別人有沒有注意他們，更何況有豐富人生閱歷的長者。

當人孤獨、生病或擔心，很需要有人傾聽。在挪威西部城市有個老人活動中心，每天有人負責接電話協助老人處理事情。有次有位退休醫師打電話來，接電話的社工認真的聽，那醫師說：「我沒什麼事需要幫忙，我只是想找個人講話」。

一般來說，仍然在工作的人天天要接觸人，有時甚至嫌煩。但長者孤獨在家，或者住在機構，經常度日如年。即使居家服務或照服員會供應例行身體照顧，但往往老人最需要的是有人聽他們講話。因為當一個人有人聽他說話，就得到尊嚴價值。有人聽，本身就是種支持行為。當我們從不瞭解聽的重要到覺察之後，我們真的懂得如何聽了嗎？

▼ 照管專員與老人友善溝通，除完成評估也同時帶給老人生活品質。（圖為高雄市長照中心在職教育）

要讓對方覺得得到支持，至少有幾個基本原則。首先，聽不只用耳朵，還要用眼睛。因為專注看著說話的人，讓對方覺得得到專屬的關心。在西方文化，這很普通。在東方，有些文化覺得這太壓迫或者不舒服。但對失能失智長期失去一般社會接觸的人來說，有人和善的看著他很重要。那種專心聽，是擺明了不打算做其他事的姿態。

社會越來越多老年人，除了表示有更多人需要別人聽他講話，另一方面，也意味著健康促進活動的溝通，帶領者也很需要留意先聽老人的意思。因為當我們讓老人覺得他的看法已經被聽了、被瞭解了，他才會有更大的動機來聽我們要說什麼。

另一段《聖經》說：「你要快快的聽，慢慢的說，慢慢的動怒」。聽，表達的是對別人的尊重與愛。在照顧服務過程中，目前衛福部在全臺廣設關懷據點的打電話問安活動中，我們如何讓對方覺得「我想要聽你講話，因為我知道你想講的是你覺得很重要的事情」。我們如何在聽的時候，讓對方覺得「我看重我們的關係」？這其中還有許多可以更優質的空間。

過去有人統計，人與人說話，常常不超過十七秒就打斷對方，急著要說話。這讓對方有壓迫感，更重要的是，對方可能還來不及把想法充分表達出來。良好的傾聽者，從不在非常確定對方的意思前就輕易的急著表達自己的看法。這往往是爭吵或不良溝通的開始。目前許多日間照顧、居家服務、機構照顧有衝突，檢討的時候常常說是老人有問題，很難照顧。但已經有許多經驗顯示，老人感覺不到有人願意好好聽他們講話是原因！聽他們講話和吃飯可能成為一天當中最重要的兩個抒壓愉悅時刻。

目前勞動部在推動高齡就業而招募輔導員。有次我觀察這些輔導員怎樣幫助想找工作的老人，發現部分輔導員很喜歡講話，整個輔導過程好像成了輔導員發表演講，這似乎也看出輔導員也多麼希望有人聽他講話。可是這個場合並非應當如此。經我建議，輔導員才發現自己的特性可能阻礙工作。

目前全臺灣如火如荼在推長照，除了到處推技術訓練，還有各式各樣找商機的研討會。少部分的人留意到，與老人互動，不管做什麼，懂得聽、願意聽，非常重要。聽，不表示可以解決什麼大問題，但可以減輕對方的壓力，說不定還真能解決一些問題。重點在，我們有仔細的聽嗎？不只我們自己覺得如何，更重要的在於，老人感覺得到我們仔細聽嗎？

22 如何稱呼老人影響生活品質

在長期照顧或有許多長者的地方，最常發生的互動言語是什麼？就是稱呼問候。想想看，每天我們遇見人都要稱呼對方，稱呼是辨識更是尊重。那稱呼對方有什麼難？可是稱呼老人就有各種事情會發生，造成快樂，或不愉快。

就像飲食對老人之重要，當人行動不一定很方便，或生活圈圈縮小，稱呼的意義可能被放大。因為我們怎麼稱呼老人，會讓老人覺得別人怎麼看待當下的他。例如以前在嘉義一個關懷據點，有位高中退休校長，每次去活動，大家都稱他校長。他接受，因為這是一種身分，更是一種位分。但是他周圍還有上百位不是校長，一輩子什麼長也不是的凡人，聽了變煩人，因為覺得自己處在這裡是低下者。

之後到挪威參訪退休準備學校，校長說，退休第一個挑戰要適應的就是自己是誰？因為在辦公室人人有個身分，別人這樣稱呼你。一退休，在街上遊走，到底是誰呢？別人不認得你，也不會用你以前的身分來喊你。

那就喊先生女士吧。也許對同年齡者，這也沒什麼。但是現在許多老人照顧地方的照顧者年輕，甚至差數十歲。實際現象顯示，這是發展服務需要注意的一環。比方說，許多照顧者和老人初見面，喜歡稱對方爺爺奶奶，不見得對方喜歡這樣。還有的稱老人某某爸爸媽媽，但是有些人沒有結婚，這又讓人不高興了。稱阿公阿嬤呢？有人不高興，覺得被喊老了。稱對方大哥大姊呢？好一點？有人覺得來到活動中心要的就是尊重。看到年輕人這樣喊，覺得少年人太輕薄。喊帥哥美女呢？有些人覺得明明老了是事實，幹嘛這樣被吃豆腐糟蹋？後來，為了走避這些稱謂地雷，大家又換稱同學，因為這樣比較安全。在樂齡大學和長青學苑也許沒問題，但安養機構怎當同學？監獄看守所裡不也這樣稱呼的嗎？

看了以上討論，您是否覺得老人世界真的這麼無聊嗎？可是稱呼是最常發生的互動之一，可以影響稱呼以後的氛圍。

還有另一種問題。老人看到照顧自己的中年人，問對方，你也七十幾了吧？七十幾啊？可是照顧者其實才五十左右，又是女性。這下子不是老人不悅，而是照顧者很不是滋味。怎麼辦？這位照顧者終究老練，會想成老人家其實是想找同年齡的伴，所以照顧者就回應說我七十八啦。就看到老太太覺得很滿意，因為自己與照顧者同梯次，只是又大一點點而已。

其實在不同的文化，還有更多要注意的。例如在丹麥，一如其他西方國家，可以稱呼名字。身分地位並不重要，不會有人在你退休後，追著你喊退休前頭銜，因為退休前就喊名字。丹麥語言中心曾製作九十六則幫助外來工作者適應理解丹麥生活的短片，其中有一則就是講這個。

可是在德國，雖然就在隔壁，而且也是民主國家，但稱呼相對重視頭銜。若是教授，大概多數人稱呼他教授，少喊他名字。

我們華人社會很階級嗎？見仁見智。到底是誰在決定怎麼稱呼人？怎麼稱呼長輩是最得對方歡欣而感受自在？其實為什麼不直接禮貌的問問對方，希望別人怎麼稱呼他，這樣不是很好？但我們又偏偏很愛繞圈圈去打探。

過去我們臺灣新進照服員的課很少上溝通，更少討論稱呼等問題。社會人口結構在改變，以後獨居、單身，各種老人更多。一個稱呼衝突，可以把剛入行的照顧者弄到不知所措，到底怎麼給對方一個快樂稱呼？問問吧！

23 支持老人參與生活決定

怎樣可以檢驗失智老人照顧或一般老人照顧的品質？有個不錯的辦法，就是算一下照顧者每天有幾次幫助老人參與生活決定。

二〇一五年，我在比利時老人護理照顧倫理尊嚴實驗室，光是洗澡，就被護理師詢問參與至少七次決定，包括要脫到多光？用什麼洗？放音樂嗎？當天我扮演的是語言不通又失能的外國老人。那幾個學生頭大了，可是他們會想辦法，用手機翻譯軟體，幾個人嘰嘰喳喳然後拿手機的荷語中文翻譯給我看，指指點點問我。看來他們訓練得很好，跨越過文化的照顧熱情與專業態度。和我同一梯次的比利時護理師來自失智機構，他扮演失智者，晚飯後拿起衛生紙來吃。結果護理系學生立刻拿麵包給他，認為他餓了。但後來的反思會議，護理師說，這不是表示他餓了。

某天有位在臺北某知名醫院的護理督導對我說：「周先生，你不懂。我們護理師都是by order，很難有創意的」。真是這樣嗎？我不相信。醫療照顧有些事情得照順序來才安全科學，但還有許多事並非如此。照顧使人有尊嚴，有時無法有明確的SOP，內心有幫客戶參與決定的想法來進行每日各項工作也是一種潛在SOP！

一般醫院固然有些時候可以或者必須請病人參與決定，但長期照顧相對而言，頻率恐怕更多，從早到晚，凡是互動，幾乎都有機會。

照顧者可能因為對被照顧者的年齡和失能的刻板印象，而認為當事人無法參與生活決定。有的時候會問家屬，卻不問老人。好像老人是個啞巴，或什麼都不懂。還有些時候，照顧者覺得很忙，或者基於善意，幫老人做決定。但別人做的決定在老人看來，是不是最期待的，很難說。

不要忽略，每位照顧者有不同的能力和興趣，照他們的想法來幫老人做決定的確可能與老人需要未必一致。然而，每位照顧者也有不同的能力去支持老人做決定。邀請當事人參與決定，這個溝通過程本身就是在對當事人訴說，「我們在乎你，你有尊嚴」！

晚近歐洲各國面臨失能失智老人增加，又希望他們盡可能住在社區。如何突破溝通困難來鼓勵支持老人決定每天要怎麼過，變成重要課題。

以荷蘭照顧失智老人為例，平日與他一起的包括家屬、個案經理。現在訓練個案經理已經不是懂評估和協調資源，更重要的在怎樣探測溝通，讓老人可以參與決定。很不容易。正因為不容易，但又要設法讓老人感到尊嚴，尊嚴又影響安全感，所以要繼續努力。

荷蘭教授已多次實驗，用手機、電腦軟體、圖示、聲音各種媒介，並將每次溝通成功的例子儲存累積，這樣個別化可能性更高。即使失智失能者天天都可能在改變，乍看很難精準達到目的，但能以軟體累積紀錄，預測成功的機會總是更大。

以前聽說挪威牙醫看牙，還會問病人想聽什麼音樂。當時我覺得很稀奇，後來在挪威就理解這是很有可能的。因為音樂可使人放鬆，牙醫這樣問你，建立互信，得到尊重，減少緊張。這牙醫故事不久後，我在屏東參訪一家安養機構，天

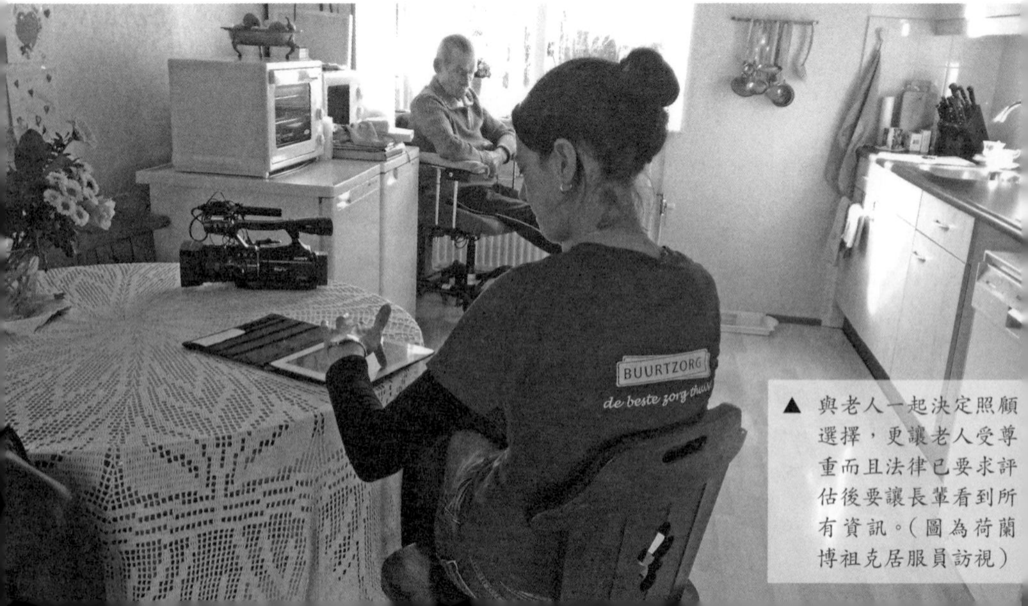

▲ 與老人一起決定照顧選擇，更讓老人受尊重而且法律已要求評估後要讓長輩看到所有資訊。（圖為荷蘭博祖克居服員訪視）

快黑，照服員把老人餵食後，就從輪椅抱起來，撲通一聲放在床上。我聽到老人唉喲叫了一聲。想想要是照顧者問他，恐怕他不會同意這樣趕他去睡覺，也許還想做點別的活動。

又有一次在大寮，穿金戴玉的安養機構董事長帶我參觀。此地住民都穿制服剃光頭，當時她告訴我這是衛生管理。我猜想，要是讓住民參與決定，恐怕不會人人都想被剃頭成這樣，全成了出家人。

我相信臺灣也有些機構或居服員會重視邀請老人參與決定。但從頻率、什麼事情，到很不容易用一般溝通方式得到答案的人，我們還有很多努力的空間。許多時候，表面看被照顧者很奇怪、發脾氣。然而，他們有多少機會做決定或許可看出端倪。

丹麥長期照顧教科書（*SOSU Trin 1*）失智篇一開頭就明確的說，「我們要知道失智者和我們一樣有追求人生各種層次需求滿足的期待。照顧的意義在於支持弱勢需求追求者去實現滿足需求」。從這樣想法出發來陪失智者繼續走人生的路，和一直想著他們就是錯亂的人，就是不能溝通的人，多不一樣！

願我們把邀老人做決定當成每日必然發生的互動，確保任何被照顧者還有機會從這種互動感覺到自己還是位活著的、有選擇和自主經驗的人。

24 丹麥照服員的老人溝通課

我在丹麥居服中心見習時，來了位照服學校（SOSU）老師德瑞，她在簡報時強調居家服務品質，特別談到溝通課與其重點內容。她說，照服員進到客戶家中，每個客戶環境與生活方式都不一樣。就維持良好互動氛圍而言，要銘記在心，口出任何言語，絕對不能讓老人感覺到他所做的都是錯的。

這話很有道理，想想看不少老人人際關係越來越少，居服員可能是老人一個星期見到最多次面的人。若來了位讓自己感受被指責的人當然不舒服，可是有誰當居服員會故意找老人麻煩呢？其實不是故意，而是輕忽溝通的細緻和對照顧品質的看重。例如，看到老人冰箱裡的食物，可能不符合居服員學校教的標準。看到老人的食物，覺得不夠衛生。看到老人放置藥品的方式，可能感染或不利保存。當然，這還是有兩年訓練有知識的居服員才有辦識警覺。這時，如果居服員很直覺的說，這樣不好那樣不對，活一輩子的老人等於被當小孩指責。

這種情況只有丹麥要注意嗎？華人文化號稱讓西方人羨慕尊重長者。然而在發展高齡社會居家服務的歷程，要看是什麼生活習慣背景的人從事第一線服務。而且許多人因訓練時間太短，尚未內化專業溝通和直覺說話的分別，所以脫口而出，非常傷人。

二〇一八年開春以來，臺灣陸續有幾個縣市衛生局在頭痛一個共同問題，就是照顧管理專員被受訪評估居家服務的客戶投訴，覺得姿態太高或言語不遜，這和前述丹麥老師講的問題相似。官員也挫折，覺得快速推動也給了錢推動的服務，怎麼老是有這種回應？

我自己也親眼見過臺灣營養師居家訪視，一打開糖尿病獨居老人的冰箱就碎碎念，然後看到桌上中午吃剩的鹹魚也講個不完。哪個營養系教學生這樣和人溝通，不會吧。可是實際場合，這位營養師尚未預備好就從事專業服務了。照顧管理專員也是相似，拿著檢查符合居服條件的表格，若好像機關槍速度與態度問案一樣，老人怎會舒服？

另一個在丹麥的相似教育是在老人足部預防護理課程。老師在教導技術與示範技術前，每一次都先告訴學生，在看老人的腳、看老人的鞋、要告知什麼問題與處置時，千萬要注意不要說出任何嫌惡的話。因為這很傷老人的心。尤其買鞋要花錢，幾句話讓老人覺得一無是處。不要讓一位活了大把年紀的人覺得自己一無是處，這是所有老人照顧者的共同必修溝通課。但看看今天臺灣新進居服員有多少溝通課？以及怎麼教？教什麼？不難發現，真的有很多努力空間。

不論政府訪視還是私營居服公司，丹麥老師講的溝通原則一樣重要。每一件做在老人身上的事情，即使是對不能言語者也是透過溝通完成。溝通，使人意識到自己是人，因為有一個形象相似的動物在你面前用你的語言向你表達。這是晚年最大的福利與尊嚴來源之一。

我們有些第一線照顧者本身在言語暴力經驗或高壓教育之下成長，如何幫助他們投入獨立到府工作之前有專業溝通自覺，是訓練必要一環。這不是一大堆投影片講些溝通模式圖和少數例子就可以成全。在丹麥，老居服員帶領新居服員實習，示範一週，第二週學生獨自做一週給老師看。重點之一在觀察學生如何與客戶溝通？有沒有有效整理用出溝通模組課所教的。在以色列，若是大學要當各種照顧師訓練的，還有單面鏡教室請專業演員來陪教。為什麼這樣看重？因為照顧品質與資源投入非常受影響。

不要輕忽裝備溝通能力，因為這對敏感失落又獨居的老人，其效應是可能放大好幾倍的。尤其居家服務，溝通頻率比急性醫療頻率高太多。究竟何謂照顧？溝通方式是第一關！

▼ 丹麥照服員學校老師 Heidi Sørensen 介紹牆壁有衝突階梯，提醒學員重視友善溝通。

25 友善長照始於友善訪視

近來幾次聽聞我們發展長照的關鍵人物照管專員被客訴服務態度（例如民眾覺得照專的樣子，好像民眾都是來佔便宜的）。還有一進門先批評人家「家裡怎麼這樣亂」，也有問人家「你都沒出去工作，那你錢哪裡來」？讓人覺得你懷疑我偷搶騙嗎？有的問題需要問，也可以想想別的方式，例如「經濟情況怎麼處理啊」？

想想看，誰能忍受一位陌生人來你家這麼近距離的說三道四？我親眼看過完訓照管專員到客戶家，失能者在樓上睡覺，對話的是家屬。照管專員很認真，低頭猛抄資料，怕時間不夠，拿著相機到處拍照，這樣被轟出去的。主要照顧者不只是生氣而已，而是很傷心難過，因為「你只管我先生，你完全沒想到最辛苦的是我」。

照管專員與客戶發生溝通衝突，因素來自自信不足，不斷防衛，或先入為主，或覺得自己是高級判官。也可能情緒控管不夠理想，或同理不足等等很多可能。也有照管專員覺得自己已經很棒，沒有問題（相似狀況也可能發生於居家護理師和居服員與客戶的互動）。但這些都是可以透過學習縮小誤會。要改善，要看主責招募和訓練養成的人的想法。

回顧新進照專訓練教學法，我們的訓練多數在如何填表格，以及與表格相關的判斷等資訊。相對而言，觀察與傾聽的專業溝通訓練太薄弱，讓客戶和照專都容易受傷。照管專員是為找資料要詢問、要傾聽，可能問客戶當事人，也可能碰到家屬，尤其主要照顧者同為老人而無助孤單的配偶。如何讓老人覺得照管專員誠意的服務？甚至失智老人和家屬也覺得溫暖，有安全感？也許應考慮一種訓練—比較誰是最佳傾聽者。此處借用哈佛商業評論二〇一七年出版的書《情感智商—同理心》在〈傾聽〉這章所提的觀念。傾聽，態度不一定只有安靜的坐在那裡，加上如某名嘴聽人說話和有些心理諮商常見的制式的「嗯哼嗯哼」回應而已，而是「積極、主動、建設性的傾聽，讓對方感覺到自尊」，如給對方一些選擇。

此外，我們在聽的過程，盡可能給正面回應而不是爭辯批評，不要聽到一半，忽然跳到一個與談話脈絡不相干問題的解決建議。該書強調，聽的態度和回應方式都可能增加信任或降低信任。一位照管專員若越溝通越失去信任，怎麼執行工作呢？

除溝通基本態度，就涉及內容來說，不是只帶律法的（如三兩句就說「對不起，這是規定……」），還有福音的（我們一起來想想還有哪些可能）。但福音不等於僅只有社福資源和居服小時數，而是幫助老人有新眼光看生命，得激勵。這才是專業的傾聽。

以本文最前面的照管專員說話例子來看，「家裡怎麼這樣亂」、「你都沒出去工作，那你錢哪裡來」？明顯的，無助建立信任，反而引起反感。再更深一層看，照管專員在學習擔任此職時，最好還要理解政策的本質。要省思釐清，評估給予客戶的長期照顧服務，到底是慈善憐憫？是社會福利？還是基本安全保障？固然三者都要對客戶友善態度，但傾聽客戶各種陳述時，可能不同的政策理念要有不同的合宜回應。

《聖經》有句話說，「一句話說得合宜，有如金蘋果落在銀網子裡」。臺灣爭取長期照顧服務的客戶越來越多，的確也不是都很好應對。但至少我們要有好的訓練，掌握溝通本質，越溝通越互信，越彼此得鼓勵，服務才能精確核定，還想外加歐美的早期復能計畫才可能落實。

要活就要動

26 老人健促運動請玩真的

最近到一個外島社區參觀老人健康促進運動，看到當地人非常熱心，一個關懷據點樓上跳個不停，樓下則是坐在椅子上的也動個不停。他們把健康和亞健康的分開，以便活動量和活動方式能更安全。這些都是可喜的現象。

能夠請得動長輩很不簡單。因為定期一起從事特定結構的體操，並不是我們社會成員從小到大的習慣。能在一個因大批軍人移走而沒落的社區，一棟樓聚集六、七十人真的要給掌聲。

再細問如何做到？關懷據點的總幹事說方法有四，要有新奇，要讓大家覺得來參加是跟上時代進步的象徵，靠鄰居人情拉人，最後是用申請的經費預備禮品。果然，運動結束，在據點門口，工作人員送行時抬出大紙箱，沙拉油一瓶一瓶的遞，大家滿足而去。

兩個活動間掛著各式各樣的上級單位指導布條，有教育（樂齡學習中心）、社政（社區關懷據點）、衛政，而且光衛政就三種，營養飲食、延緩失能、失智友善。因為不同單位都在推動政策，需要數量證明績效。這個社區知道政府官員的需要，找人專門寫計畫，所以同一社區中心，同一群老人，甚至相似的健康運動，滿足不同計畫的成果期待。大家歡喜，不知道實際上這對支持我們這個急速老化的社會，維持老人健康幫助多少？

政策的出發點值得肯定，民眾願意參與應該肯定，但執行方式是否適當？還有精進空間，例如，有無告知原理？清楚介紹方法？以成人學習原理看，成人學習包含老人學習，最好告知為什麼？才更有參與感，更能投入學習，自然效果更好。例如，為什麼要運動？要多少的運動才能產生預期效應？在英國，帶領者會告訴參與者，緩緩走路不足以產生充分代謝，足夠強度運動才能消耗肌肉中儲存的糖，之後肌肉要從血液要求補償更多的糖，從飲食而來積存的糖就因而轉換，所以血液中的糖就降低，這當然有助健康。

因為這種原理，學者專家訂定一週三次運動，每次至少三十分鐘，心跳過一百三等，這樣即已足夠。回頭看這個社區的運動，其實全體只有每週日晚間來，是不足夠的。即使照相可以非常博得上級長官頒發績優評鑑獎勵，但這非常表面。還有在硬地板持續光腳跳，以前在其他社區還有鞋帶掉了沒人管，甚至好幾位穿高跟鞋猛力跳來表示認真參加的。這些似乎還未被留意。更不用說足部有疾病者。

換個角度看，劇烈瞬間勞動可能使身體受損甚至威脅生命，較輕微但持續發生的勞動一樣可以造成傷害，例如天天為失能者移位。反過來說，強度不夠但是持續輕微一點的運動，也可有助體能。但這要科學研究，例如一日走萬步健身有何根據？英國媒體 BBC 追蹤結果，發現這只是一九六〇年代東京奧運時的商業廣告，並無實際科學驗證。可是太極拳在東西方都已有許多證據，雖然不是激烈運動，卻能在器官反應較緩慢的老人家，緩緩帶動各器官連動，達到促進血液循環的目的，和腿部肌肉平衡與支撐強度的效果。

展望未來，幫助熱心的社區活動帶領者，有學習科學新知的學習能力、判斷能力，與理解如何轉換為在地創造加速分享新知的平臺，隨時修正引入新知。使所做的做什麼？做多少？為什麼做？都清清楚楚，非常重要。這也正呼應前述社區總幹事所歸納出的參與誘因，「要有新奇，要讓大家覺得來參加是跟上時代進步的象徵」。

當然，還可以思考這些長者平常怎樣生活？如果平時要下田，其實勞動量已經不低。一方面勞動不是運動，二方面，搭配怎樣的運動最合適？什麼時間做？做多少？在現代科學是可以找出答案的。

記得在左營選手訓練中心看射箭培訓隊，他們每天結束前都要用彈力帶反向緩和運動，來抵銷大量使用同向拉力的肌肉。我們現在除了熱鬧的一起走跳，帶領者未來可以更細緻探索原理，更有助觀察分辨不同參與者的需要。

若要更細緻，就是個別化運動處方。有的國家已經非常普遍，由照顧機構的營養師、物理治療師、護理師組成團隊，酌情收費，看守評估有興趣參加的老人們身心現況（所以才要至少這三種專業人員評估），給予套裝運動。同步控制生活作息與飲食，這樣效果更

▲ 長照從醫療照顧轉而更重視生活照顧。（圖為金門衛生所醫師訪視幫失智者唱歌打拍子）

好。很重要的是，在互動過程強調，健康是個人自己的責任，照顧者和帶領運動者與活動參與者是夥伴關係，一起走向維持延長獨立自主。

然而最新的他國政策推動顯示，運動處方最科學，也可能比較耗成本。到底什麼人必須用精確的運動處方？什麼人不需要？什麼人可以用有個別化但是成本較低的運動處方？至少不至於使運動流於形式，在不明不白的情況只是支持預算流通獲得獎勵榮耀，都有探討空間。

再細緻的，就是運動處方結合生活目標或生活樂趣。那就不是只在特定運動空間重複某些原始套裝的動作而已，而是充分理解參與者的生活價值觀與生活目標。有清楚的運動目標，有最可行、有誘因、有動機的情境，在專業人員支持下，追求自我理想。通常這種方式適用於已經失智失能者。這正是著名的北歐每日復健，或英國說的復能，很看重內容和介入時機。

過去我們發展老人健康促進運動，一方面希望量化運動前後測，這非常合理。總比刻意製造績效，用一段時間投入後「感覺好不好」這類提問，還沒進行就確保有績效的問卷好些。另一方面，除了體能最好有前後測，生理變數有無得到控制，能幫助調整運動與作息之外，還有些情緒與心理方面的助益，和參與帶來的社會連結價值，未必都能量化。不過這並不表示就變成只是找志工去問問參與者，引導參與者給個正向感謝的評論就完善。因為如此為之，距離原始延緩失能政策目的恐怕還差得很遠。

政府已經投入非常多資源在「樂齡學習健康促進」（教育部主導，要與社政和衛政區隔亮點）、「關懷據點健康促進」（社政主導，要與教育和衛政區隔亮點）、「延緩失能」（衛政主導，要與教育和社政區隔亮點），辦了很多師資講習。但多半是單次的，難以追蹤回饋。

辦了很多熱鬧的運動揭牌剪綵，可是基層推動如何確保預期的量化質化素質？碰到參與有困難的老人，除了一句不勉強和找張椅子坐，還拿得出哪些辦法？為什麼不敢再進一步支持這種老人？這些挑戰都有待更細緻有依據的落實推動。因為，玩真的還是玩假的，以億計的預算投入，一、二十年以後失能速度有無減緩，大家有無更覺得自己對健康有責任要負責。如今參與的官員和帶領者會不會都在安養機構見面，低頭插著鼻胃管無言彼此對看，就見真章。

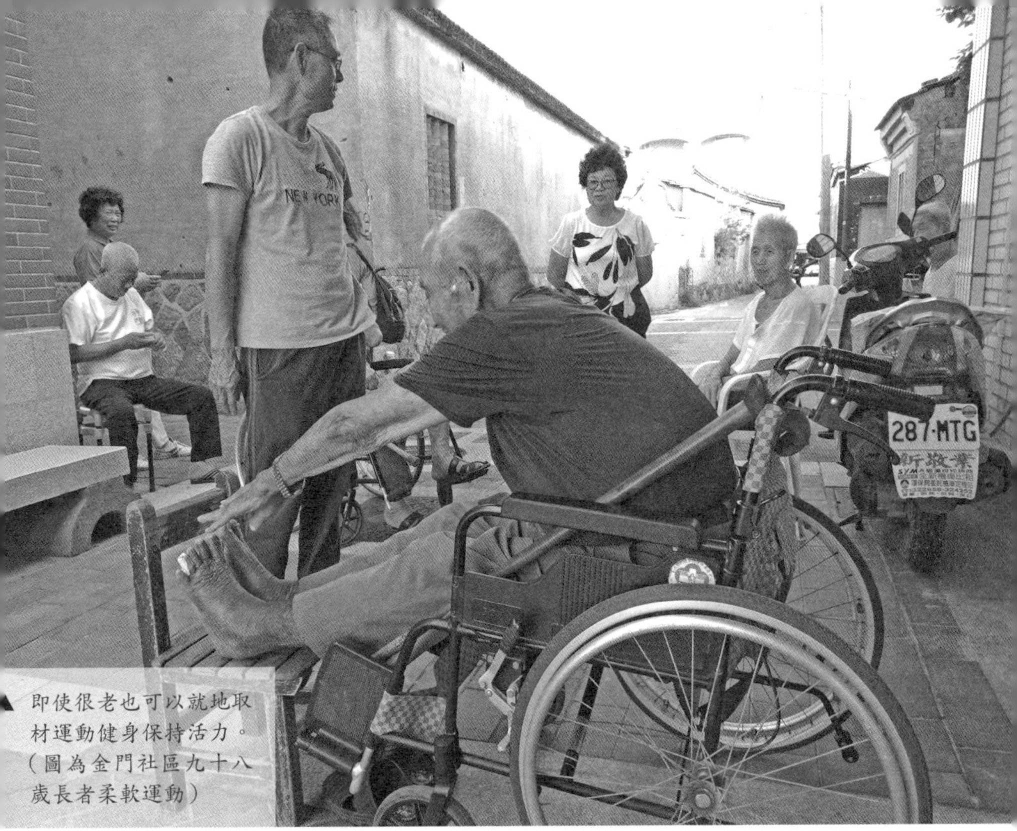

▲ 即使很老也可以就地取材運動健身保持活力。(圖為金門社區九十八歲長者柔軟運動)

▲ 八十五歲阿嬤和四十歲年輕人拚柔軟度。(圖為金門衛生所到社區帶領老人自我照顧)

考量環境中的聲音

27 注意長照品質中的聲音因素

到日本老人醫院，看到每位護理師穿的鞋子很漂亮，恭維他們。但護理主任說，好穿重要，更重要的設計是讓護理人員走路減少磨地噪音干擾病人。這意味著他們考量到照顧環境因素，讓不能自行移動或長時間固定一處的病人，能得到較好的環境品質。其實不只一般醫院，在任何長期照顧的環境都很需要考量聲音因素。或說，影響聽覺的因素。

在臺灣，一個現代化讓一般機構羨慕的日照中心來了一位離職社工，好心彈鋼琴給失智長者聽，就看到長者隨之有笑臉並跟著節拍，真快樂。但另兩位長輩被吵得抓狂，無處可躲，這讓我想起以前去挪威新設的失智專屬護理之家，三位主責設計的護理師解說，客廳的主廳旁還有兩間隔間房可以看電視，因為這樣想看電視的人不會吵到不想看電視的人。

後來在荷蘭，失智照顧機構的管理者告訴我，六成以上失智者異常行為言語來自環境與溝通，而非客戶本身生理問題。

我們照顧者可自行移動，我們的記憶幫我們判斷聲音意義，不想聽可能離開現場或改變聲音。但失智者有時難以分辨聲音的意義而困惑，因而煩躁，又不一定會表達。以致我們誤認黃昏症候群或亂貼標籤，或給予不實際的回應照顧，這造成許多衝突影響客戶身心和照顧挫折。其實不只失智者，一般行動不便長者也有很多在意聲音。將心比心，你若持續處於一處，有任何不願聽到的聲音是否也會煩躁呢？但我們從照服員新進訓練和長照護理教育，或者物理治療和職能治療要實施復健活動時，都還需要理解聲音方面對失能長輩的干擾。從視覺較差者的照顧經驗也告訴我們，弱視者對聲音更敏感，因為他們更借重聲音分辨環境。所以雜音是很大的困擾。

在政府積極建置的日照中心以及地方政府發展的關懷據點、日托中心，經常可見爭取補助而善意建置的伴唱機。有一部分老人要聽得到或者藉放大機壯大表現，但是當人多，其他不想聽或正在把握每週好不容易有的老友交談時間，變成災難一場，喉嚨都要啞了。這樣來這裡怎會成為愉快經驗呢？

▲（圖為挪威國家老年健康研究中心老師在衛福部南區老人之家協助實驗幫失智者好好預備一餐飯。包含聲音、環境、視覺。）

許多高級長官經常來為新設據點或日照揭牌，看來美侖美奐。但實際上的使用品質很受到聲音因素的影響，若有人戴助聽器，那更是增加尖銳的干擾聲音。搬鐵椅、伴唱機、外面施工、樓上電鑽敲打、照服員和護理師大聲聊化妝品和罵人，都可以影響失能長者的生活品質。

前述挪威新設的失智社區，將工作人員辦公室和上下班出入門設置在距離失智者主要活動大廳較遠的長廊一端。因為每次照顧者交班要回家會相互道再見，經驗顯示，這讓不能離開的住民感覺不好，甚至會因而嚷嚷「帶我出去」。所以空間設計想到避開這類衝突，也是讓失智者好過。

在芬蘭，新設的照顧園區旁要爆破舊房舍也要炸岩石，因為芬蘭岩石多。所以每次要爆破，前一分鐘就會施放一種聲音提醒大家有心理準備，不用被嚇到。這也是考量聲音因素。

在丹麥，八十六歲的安寧病房護理師在帶領亞美尼亞來的在職進修，她首先就提醒，在安寧病房的人許多看來不說話在睡覺甚至彌留，護理人員千萬不要大聲嚷嚷或三三兩兩說閒話好玩，更不能在患者附近指指點點討論病情。因為人死前，聽覺是最慢失去的五官功能。能夠減少說閒話造成病人的煩心，就是專業一環。

在臺灣，政府推喘息服務。讓在家照顧長輩或老伴辛苦的人，若是想休息，可以將被照顧者送到機構暫時安置。目前許多被送去暫時安置的往往哭著出來，原因之一就是被送去四人房，整夜不得安寧。已經有研究說，這樣長住，每天睡眠約五小時。更何況還有機構提供的喘息床位是鄰床有大吵的失智者，就是因這樣的失智者，才有空位給喘息！這不是折磨人，什麼是折磨人？

政府努力推長照，臺灣各處每週有無數砸大錢的研習和銀髮產業會議。除了聚焦誰可以吃哪塊市場，要是真在意被照顧的人，未來要有關於聲音等對環境因素敏感的素養，這樣對大家都好。我們需要聲音的刺激帶來美好生活，或許也要一些關於不悅聲音的同理心訓練，而不是只有聽覺降低的訓練。讓我們更理解怎樣改善照顧品質。

28 從處遇看臺灣未來長照

長照的未來，長照不應再原地踏步

急性醫療和長期照顧未來如何合作和接軌服務？許多人口老化國家每天都在思索。

在日本，發展以醫學中心為核心，以同心圓概念逐圈向外擴散，最後觸達各家戶。用這種概念規劃服務輸送，這也呼應連續型照顧原則。一方面大家不需要一有事全往大醫院擠，另一方面又能減少感控風險和交通支出與行動風險。有的同心圓甚至已經是醫療財團一條龍來規劃這些服務。

北歐與荷蘭、奧地利等國有清楚的家庭醫師制度，搭配不斷精進的醫療保險與長期照顧保險，或者稅收照顧制度，所以不一定需要如日本以同心圓再規劃新的服務模式。不斷翻新社區健康中心來配合家庭醫師診療的後續治療活動，也避開全往大醫院擠的問題。而健康中心內做什麼，以及如何支持在家照顧就很重要。

以上兩個系統除了思索急性與長期照顧，還有許多基礎條件已經長年存在而不會特別去考慮，可是臺灣不見得都有，例如無障礙和友善在以上國家的社區沒特別說，也沒去爭取什麼獎或認證，但早已是最基本的生活現況。至於如何他山之石，這是從幼兒園開始的基本素養，而高等學術機構有轉化研究，市場則有長照企管顧問公司投入。

臺灣要為將來找答案，可以看別國，也需要調整，這個大家都知道。但什麼事都看別國也不一定有用，有用的要怎麼調整？這種更進一步的反省規劃，就不是一、兩個人或一、兩個領域的人自己可以找得到最適切大眾的方式。我們有都市規劃，但大家知道民眾生活動線可預測性和一路安全的機會有多少？我們的醫療制度距離家庭醫師制度很遙遠，很自由看病帶來無止境的資源浪費，還可能製造更多的疾病風險。我們的文化認為子女負有照顧責任，實際上少子化加上家庭關係改變，過度提倡「拚經濟」，造成的保健無知和社會關係影響，都讓大家付上許多長期代價，而且越來越高。

我們許多政策的擬定都是在排除、或忽略、或不夠重視以上處遇差異的情況下繼續前進。別人花在行動之前規劃的時間多，開放、平等、有安全感、有良好氛圍的討論後才找答案，然後一起執行。所以後來「怎會這樣」？的機會少。我們前端少數人快快決定或形式會議，或未能注意如何有效合作，導致每個政策出來總是有許多爭議，或者花在彌補的代價快要高過原來執行的成本。

臺灣在急性醫療經營多年有成，面對越來越大量的長照需求，出路在哪裡？或許借用醫療界的名詞「病識感」，先得想想以上的處遇敏感度。但是要釐清價值而正向共同的推演，如是這樣，可以來看以下幾個思考問題：

一、**政策價值**：我們希望追求什麼樣的生活？是賺到客人的錢優先？還是把所有人都看成一樣重要為底限？每個人對自己的健康責任的理解是什麼？這些不能「因簡報時間不足的關係跳過去」，或者「大家有空自己再看一下」。理念要明確不能含糊，也不能只是說說而已。理念對應策略體系，軍事是如此，照顧也是如此。這會對應我們的衛生所和戶政事務所等等都有密切相關。

二、**連續預防**：過去照顧重視幸福感，所以有連續型照顧。推動預防是片段或以疾病名為中心。未來應有「連續型預防」的觀念，老化不是病，我們要把從年輕和健康一路到安寧，視為「連續型預防」發展。大家喜歡講「翻轉」，這就是翻轉。讓我們有新的視野和行動，並有所不為。不是要表面的健康中心，也不是閒置空間開發，而是從人的群體生活價值與實際行為，發展合乎民情能讓大家「有感」，一起配合的預防色彩更強的照顧方式。

三、**服務開發：**讓我們想像一下，一個木桶是由好幾片等高的木片構成，只要任何一片破損或打造木桶時不夠高而不能在頂端齊一，則從外表看似可以裝大量水的木桶其實不能裝那麼多，因為一直外流。健康的在地老化系統，也是透過均衡的服務項目和輸送品質而來。以現況來看，足部預防性照顧和脫離大量鼻胃管恢復吞嚥和口腔衛生，就是諸多服務中我們相對其他國家較缺乏的。或者說，我們不應從其他國家才能找到該做什麼的答案，而是我們如何看生活品質？我們對老化過程預防醫學和預防性照顧的理解如何？

四、**人員養成：**臺灣過去培養可觀的照顧人才，但急性醫療的照顧場所情境、互動關係、客戶生活目標、機構經營目標可能都有些不同。誰來引發急性醫療專業工作者有周全務實的省思轉化很重要，這不是表面化的進修小時簽章可以解決。長照中精熟流程、善用工具、應用所學，以及具備遇見新問題的學習能力是培養和鑑別訓練的好方向。但臺灣除了小學、中學，擔任其他教學工作是不需要教學法訓練的。為什麼別的國家教醫護長照和

▲ 足部照顧是長照預防照顧的專業。
（圖為丹麥足部照顧學校全國足照日社區健康推廣活動）

職訓需要一到三年之久的教學訓練呢？另外，模擬醫療用於專科醫護技術考試，長照還有更多需要涵養人性互動的事應該運用。不同領域和生活經驗背景的照顧者，得能有效開放對話，一起建構適合臺灣的新知並用於工作。一同建構是重要的能力，也是為消耗資源止血和營造未來福祉的出路，沒有速效解方。約二十六萬之多的外籍看護豈能長年在決策參與和人才培養之外？

回顧其他國家長照創新服務發展歷程，彼此肯定價值，平等開放互動，是基礎。有的國家醫院裡醫師、護理師以及物理治療師都是一樣的衣服，只有名牌小小的字顯出職務。但比名字小得多。我們也不必因為不同領域或者過去所學不足而成為問題改善停滯的理由。正如一位大提琴家有次告訴別人：「首先我是一個人，其次我是別人的父母，再接著我才是大提琴家」。同樣的，首先我們是個人，其次我們曾是別人的兒女親人，再來，我們才是開創服務的專業照顧者。這樣，可對急性醫療如何和長照領域有更好的協同，進而有貢獻，找多贏。

29 長照可當產業商機來看嗎？

從臺灣實施長照 2.0 以來，不僅科技器材業談商機，各種師級（醫事人員）專業公會或學會也一直在開產業商機研討會。就像服務業本是一種概念，有人心裡把它想成奴隸工作或連結到聲色犬馬，當衛福部長勉勵醫療為服務業，就有人反彈一般。產業也是一個概念，商機或許也是如此。看大家說的時候心裡在想什麼，怎麼想就影響怎麼做，也就可能影響到被照顧者如何被對待。

使用者付費，照顧者做工的得工價，本是可理解。但使用者付出多少，期待得到什麼服務，和照顧者覺得應得多少，政府什麼立場介入，介入後，業者應是什麼利得？這其中就各有看法。

長照在臺灣的需求越來越大，因為人口老化，失能者增加，真的會消耗更多資源。最好大家多花些心思找到共識（產業、商機是什麼意思），再往前走。

從長照十年到長照 2.0，政府很快的提出運作架構。但到底大家的價值理念為何？舉個現象，一個專業治療師開設延緩失能種子師資培訓班，講課討論的主題一開始就是我們○○師界可以吃這塊，那塊也可以吃到一些……。政府巡迴解說長照ABC，用三種店的觀點說明制度，這是從業者的角度為重，還是從民眾的角度為主？大家可以問問看，有多少民眾知道ABC的意思。四處有業者在討論，「我們要搶A」、「政府已經來電希望我們趕快接C」……，全縣還沒人符合A的申請資格，補助很少怎麼辦？怎麼公平？

長照是做照顧人的工作，不是賣商品為主的交易活動，而且業者要互動的對象，又是可能溝通和行動無法用一般二十歲、四十歲的人類比。

從急性醫療走入長照，照顧工作的主旨也不全一樣。花更多時間在溝通，在引導被照顧者參與決定。為行動、思考、感官、人際等諸多原因受限的被照顧者，設想更多可以感受到尊嚴價值和樂趣的活動度過時光。

如果談長照首先談商機，聚焦哪裡有錢哪裡去，畫大餅說明產值，這真的和許多醫療奉獻獎得主說的哪裡有需要就往哪裡去不同。太多心思思考如何獲利，還可以挖到哪些收益，我們心裡還能有多少空處討論如何提供更好的照顧？例如失智日照接五位老人，叫他們如軍事單位操課，大家玩一樣的遊戲，一樣的作息。機構的「活動」是什麼？我們還有心思想「這樣做妥嗎」？

臺灣人好喜歡到北歐考察長照。可是相較美國資本主義社會，北歐從未把長照當產業商機來發展，而是相互顧念的共同承擔。五百年前丹麥醫院門口掛個牌子，「當有人來找你求助，要把他當耶穌基督來接待」。挪威從《聖經》好撒馬立亞人故事引伸激盪，歸納出尊嚴、公義、平等、卓越四個落實照顧創意的方向。

芬蘭醫師黃斯德說，六十年前遠渡重洋來臺灣，到恆春把X光機裝起來，是一種上帝使他得到自由，不受轄制的去和同學比賽追求金錢最多和地位最高，使他可以選擇這個工作。直到如今八十歲，在推動全芬蘭延長獨立自主而有非常大的貢獻，仍認為是享受自由選擇。

荷蘭大學護理系的創新科技課，年年想辦法更新移動式設備，因應正規完整出院返家照顧系統還沒到府完整建置前能先應急。這也不能大賺錢，卻能解決問題。

以色列的輔具借用中心一年幫國家省一百四十億醫療經費，他們用交換整理流通三百種輔具，用服務感動人捐押金以便永續經營，這也不是為了大商機，卻是世界參觀的輔具經營典範。

臺灣人跑去北歐到底追求什麼？若是羨慕人性和創意，若是朗朗上口以習於考試能背答案來背「科技始於人性」，是否繼續追問人性又來自哪裡？原始發出這觀念的公司要資遣員工，如何為員工著想？和我們行號資遣員工有何不同？好像較少繼續探討，很可惜。

實際上我們有許多存在的問題等待釐清價值理念來決定下一步，不能假設大家都一樣或都已省思過是非。例如，對老人、失智、失能的刻板印象如何影響生活選擇機會？過度保守負面思考的照顧方式怎樣限制老人的自主和尊嚴？甚至什麼是照顧？人是什麼？不然怎有世界極致文化瑰寶所在的博物院導覽員工，會對來訪老人說：「你是免費票，你看得懂嗎」？以及怎麼看診？醫師一直問家屬，好像老人不會講話？

以基督教信仰的人來看，《聖經》說人是上帝按著祂的形象造的。這意味著尊嚴不是建立在財富與社會位分，並相信人的靈性需要，不是吃飯、洗澡後坐在輪椅，甚至提早下午六點全部推去就寢就滿足，所以有專責的活動帶領者。這人觀也意味著人人平等和為什麼平等，所以會更重視實際的需求調查，因為不能漏掉任何人，會考慮被照顧者，同時一定考慮照顧者。

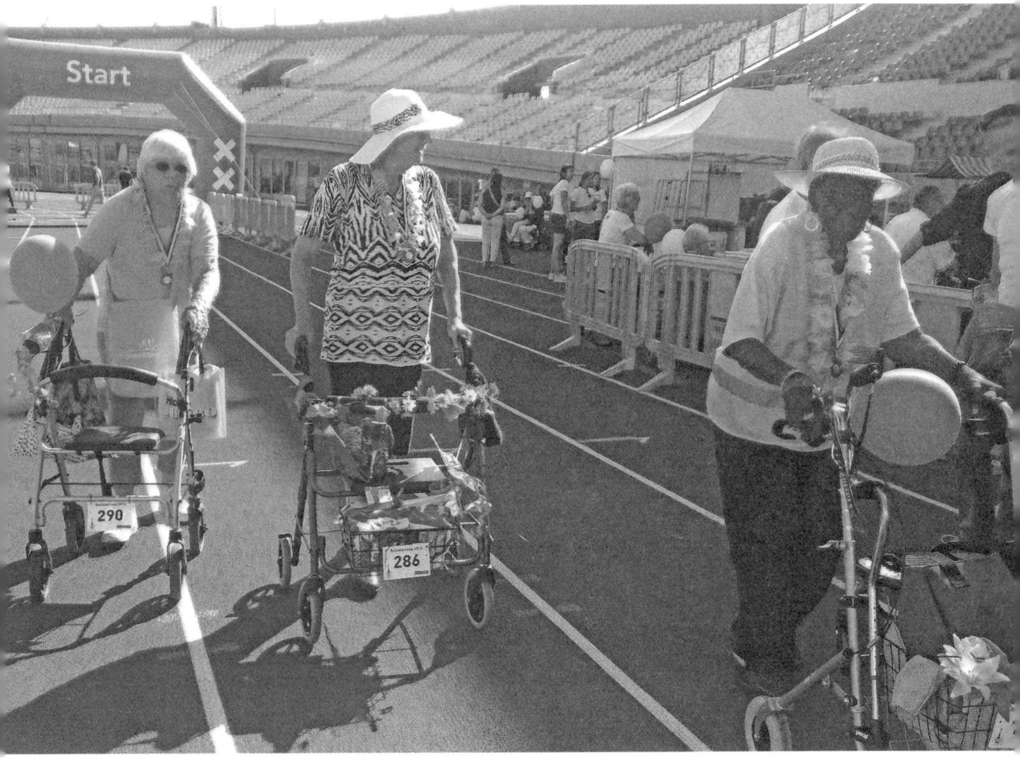

▲ 能非僅看獲利而要本於人的價值發展永續服務是長照應有理念。
（圖為荷蘭機構老人在奧運運動場舉辦聯合輪椅馬拉松最後衝刺）

另外，關於服務照顧，現在社會有的地方流行晚輩為長輩洗腳，甚至洗的小孩因心裡無預備，適應不良不甘不願。然而洗腳故事在《聖經》中是當老師的耶穌為學生洗腳，服務是展現身為人最高巔峰（pinnacle）等級的人性表現。耶穌說這是示範，勉勵大家照著老師做去服務別人。也許不同的信仰和文化理念，對照顧有不同的想法，缺乏這些基礎思考，直接跳到分資源或推政策，若成為各懷想法，一點也不為過。這怎能往一樣的方向前進？可能錢近，錢進，但原來的挑戰還是沒有積極克服。

近年本於服務和改善人的困苦，有所謂社會企業，它不是以投資追求最大利潤。若是這種理念，未必員工苦哈哈。荷蘭就有調整組織結構和運作模式，經營出色的社會企業形態長照公司，但他們從未一直開會探討商機。他們一直在開會探討的是如何讓更多參與公共政策的人理解專業護理照顧的深層意義，去溝通爭取走向專業藍圖。

服務好、速度快、成本低，在一般企業經營是三個難以兼顧的期待變數，總是顧到兩項缺一項。但服務組織和工作理念如果落伍或不清不楚，甚至私下完全以聚集財富為優先，自然讓客戶陷入更不確定的狀態。偏偏重度失智失能者又不見得能清楚表達，所以會有水管沖一批老人洗澡這樣的經營方式出現、大便乾掉黏在腿上都還沒人清的機構、看到別人活動想參加，卻被綁住插鼻胃管不得動彈的老人坐在那裡。

還有一個很基本的問題，就是我們許多專業照顧科系在大學基本上是不太教行銷的，認為那不是本科專業的一部分。在歐洲，大學照顧科系有行銷學習，意味著能創業，能向不同領域的人說明自己的理念，能與不同領域的人互助合作，創造新的服務。另外就是價值理念和倫理怎麼教？用考古題？講幾個故事？還是一班鬧哄哄一百多人？若有行銷學習這類基礎訓練，眼界和能力提升，就不會排斥經營開展，不會變成習慣做聽命者，或者把自己界定在因健保給付所以就是換三管為主要業務。更不至於服務若干年後，變成拒絕改變，又天天抱怨，發展停滯的狀態。

長照是有費服務，是否適宜被視為大產業商機討論？能看到需要而找出好辦法，這辦法能帶來收入很好，但這和一直在研究你可以吃哪一塊，我可以吃哪一塊有什麼不同？二者將如何影響長照資源使用？怎樣影響人們的生活品質？很有討論空間。

30 新一代長照人才培育——比利時老人護理照顧倫理尊嚴實驗室

長照人員若能有同理心，不但能減少照顧衝突，更能及時滿足被照顧者需要。這道理多數人認同，但怎樣養成呢？比利時、法國、英國、荷蘭都在往這方面找更好的培育方式，其中之一就是比利時老人護理照顧倫理尊嚴實驗室，其實就是一個模擬長照機構的訓練中心。負責人有三至五位形成核心團隊，包括資深護理師還有哲學家。

進行方式是有意願來學習的在職工作者，包含照服員、護理師、各種治療師和機構主管等，要按著希望模擬的對象填寫生活背景和失能細項清單，然後在訓練中心到庫房領取裝備穿戴，模擬連續二十四小時生活。每兩人住一間，完全按照真實機構生活作息進行。一次四百二十歐元。原則上建議模擬被照顧過的非家人失能者，以免承擔過重。為避免受傷，較重的模擬設備兩小時取下休息一下再穿回去。如果扮演角色實在受不了可以喊暫停喘息，再回到扮演角色繼續。

另一方面，訓練中心安排多位護理系應屆畢業生來照顧。他們要學習自己分配和合作。一旦宣布開始，就混合照顧，學生要設法照顧這些在職多年來此學習體驗的前輩。

這訓練不打分數，以增加專注真實性。我也以言語不通的外籍下半身癱瘓老人參加，並被分配和一位男性護理師同寢室。他來扮演失智者，因為他來自安養機構，主責失智照顧。

在二十四小時中我被洗澡，被七次用移位機吊掛，其中兩次電池沒電懸在空中。也要人備餐，凡是移動都要倚賴別人。這正是原始訓練設計的重點，不是要穿戴設備體驗老化，而是讓學習者體會一切要倚賴人的生活是怎樣的感受，並從中瞭解有什麼倫理問題，和到底還可以怎麼改善照顧，才能更保有客戶尊嚴。

護理學生很盡責，最明顯是他們會一再徵詢我的意願和想法，甚至還想到拿手機翻譯軟體來問我要怎樣洗澡。但例行照顧完畢他們回到辦公室或去別的被照顧者那裡，我就會感覺度日如年。這時特別能理解為什麼老人需要安排活動，不一定是激烈的，可是沒有人陪是很不好的感受。

這二十四小時還包括外出散步，被推著往前走上坡，可聽到推我的學生一直在喘氣，可想見臺灣外籍看護也是這樣辛苦。有學員模擬失智，吃飯把衛生紙沾咖啡擦桌子，而且不會用正常方式表達溝通，難倒學生，學生喊暫停。也有的學員忽然跌倒，模擬低血壓。這裡不會故意製造真實狀況不會發生的行為現象，而是重建以往發生過但希望有更好改善照顧方式的現象。

一般在臺灣，照顧訓練主要是訓練學生，安排假病人。但這裡的學習主體不是那些負責照顧的學生，而是來體驗的在職者。在職者預備了小簿子，只要任何環節有新體悟就記下來，到第二天演習結束有長達三至四小時的反思討論會。大家還要從所有紀錄體悟重點中挑一個回去自己機構要實踐創新改善的行動計畫。未必是大計畫，而可能是一些很細微的互動，例如問安溝通方式，或照顧順序流程調整等。有別於那些為進修小時數勉強來學，和單次學完就結束的在職教育。

這種訓練雖明知是模擬，卻讓有心學習者成長，例如省思以往如何忽略客戶的感受，現在調整一早進客戶寢室整理窗簾的過程，要多花一點時間看著長者問候他們。

由於訓練成本高，多數機構派單人來學習。但有個機構主任發現一人來學不容易改善工作文化，因而擬定計畫要十六位不同職責的機構照顧者來學習。搭配機構共識營由下而上重新建構核心價值，之後照顧品質和工作者的價值感成就感都提升。

後來我在臺灣小規模實驗也有很好效果，例如失智照顧的護理師扮演失智者，由照服員擔任照顧者。護理師體會到一直被希望盡責的照服員追著快點吃飯多不愉快。又如護理師表達忘記吃飯，覺得重點在忘記的挫折。但照服員並未理解這點，而把溝通導向爭論到底有沒有吃飽。

這種訓練法也用於居服員。十五位照顧四十位，並有外出活動。之後扮演被照顧的人表示，體悟自己從不主動和老人說話，因為怕問候導致老人要求更多服務。還有的遇見錢包不見的問題溝通衝突，還有的感受到照顧不當導致的強烈不安全感。

▼ 照顧體驗活動開始前，護理學生與來參加的職業照顧者一起開會。（圖為比利時老人護理照顧倫理尊嚴實驗室會議室）

和臺灣行之有年的護理客觀評量考試，比利時老人護理照顧倫理尊嚴實驗室除了技術，更重視價值思維思辨和服務創新。目的在讓完全倚賴別人的人能在那種處境中享有尊嚴。而到底什麼是尊嚴？有哪些倫理衝突挑戰無法二分法的尊嚴爭議，都是學習目的。

做中學更有感更專注，比坐在位子聽一整天單向投影片演講更有效，大家已同意。但怎樣執行，這個學習中心或許可供參考。當然，也要有很好的引領者安排設計並帶領反思。臺灣是世界老化最快的國家之一，我們的民情和法律以及基礎學習混在一起迎接負荷越來越大的長照需求。找更有效而非形式的在職教育方式，也是重要。上述模式或可帶來新氣象。

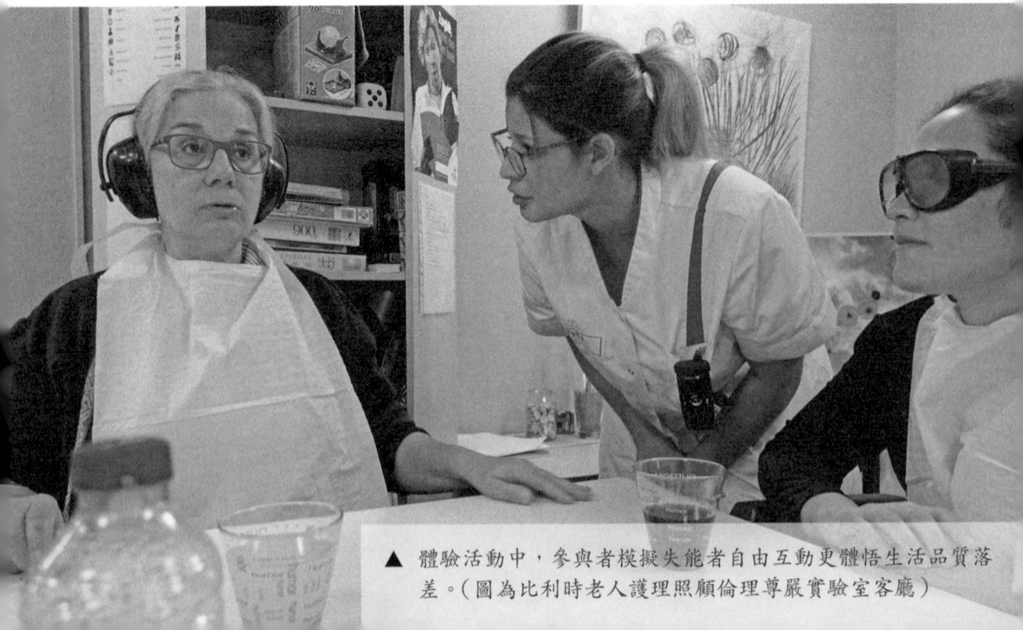

▲ 體驗活動中，參與者模擬失能者自由互動更體悟生活品質落差。（圖為比利時老人護理照顧倫理尊嚴實驗室客廳）

31 「舒適區」對長照的啟發

二〇一五年我在比利時參加「老人護理照顧倫理尊嚴實驗室」的二十四小時失能體驗省思訓練，認識一位安養機構主任梅蒂。她原是職能治療師，因領導才幹出眾而擔任安養機構主管，自己也來當學員。後來因為發現若要藉由訓練改變照顧品質，是一項牽涉組織文化的工作，所以必須一群人來訓練才有用，就真的這樣做。目前所屬的公立安養機構是比國荷語區很優質的照顧機構。

她與我分享當她親身扮演失能住民時的感受與領悟，她用「舒適區」概念說明。這原是指每個人生活因習慣而有一些心理安全範圍，可能是某一空間領域，也可能是某些行為界線。

在老人護理照顧倫理尊嚴實驗室，梅蒂被護理學生照顧，晚上要被洗澡。學生脫掉她全身的衣服，帶她入澡盆。由於從小到大沒有被人脫掉衣服洗澡，當然有尷尬感受，但她就是要來參加訓練的，所以照程序來，以體會安養機構失能老人被洗的感受，看這個過程有什麼體會。

澡盆旁的兩位護理學生討論，並徵詢她的意見，用一塊軟布遮住她各敏感私處，隨後隨洗的部位而微微移動遮布，讓她降低緊張，感覺對身體的自主權。

由於這個訓練機構原本的教學設計是鼓勵每位參與者能在體驗失能的每個當下和環節盡量去聽、去感受，若有什麼想法就記下來，做為二十四小時體驗後的討論素材，再從中決定回到自己

▼ 經過體驗省思可能帶來更多舒適創新。
（圖為比利時老人護理照顧倫理尊嚴實驗室失智者用床改善）

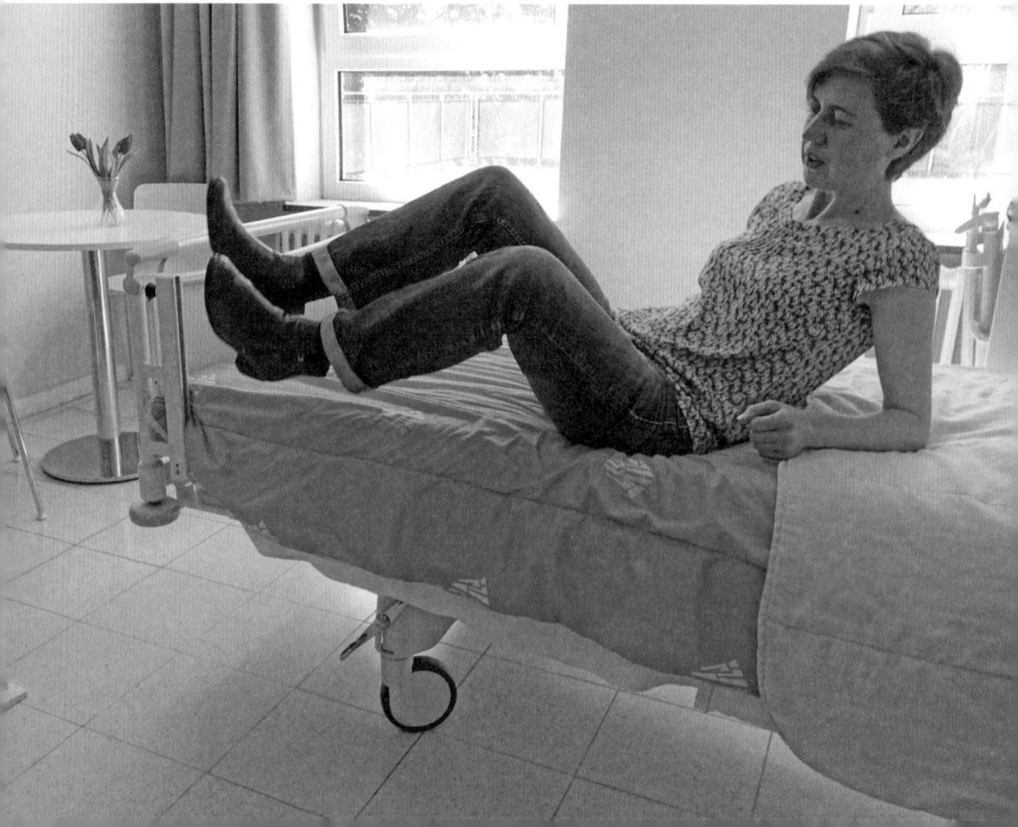

工作單位從事什麼改造工作。

梅蒂說她在學生覆蓋遮布和移動遮布的時候，忽然領悟到「舒適區」的想法。她覺得人都有各自的「舒適區」，被脫光洗澡當然是許多人的基本隱私被侵犯。而且人失能是天天或常如此，每被洗一次就是自我對話一次「我無法自理」，但護理學生的作為讓她感覺到最基本的「舒適區」被顧念到。顧念

▼ 以多重感官經驗改善洗澡幸福感使之不只是清潔活動。
（圖為比利時老人護理照顧倫理尊嚴實驗室洗澡間）

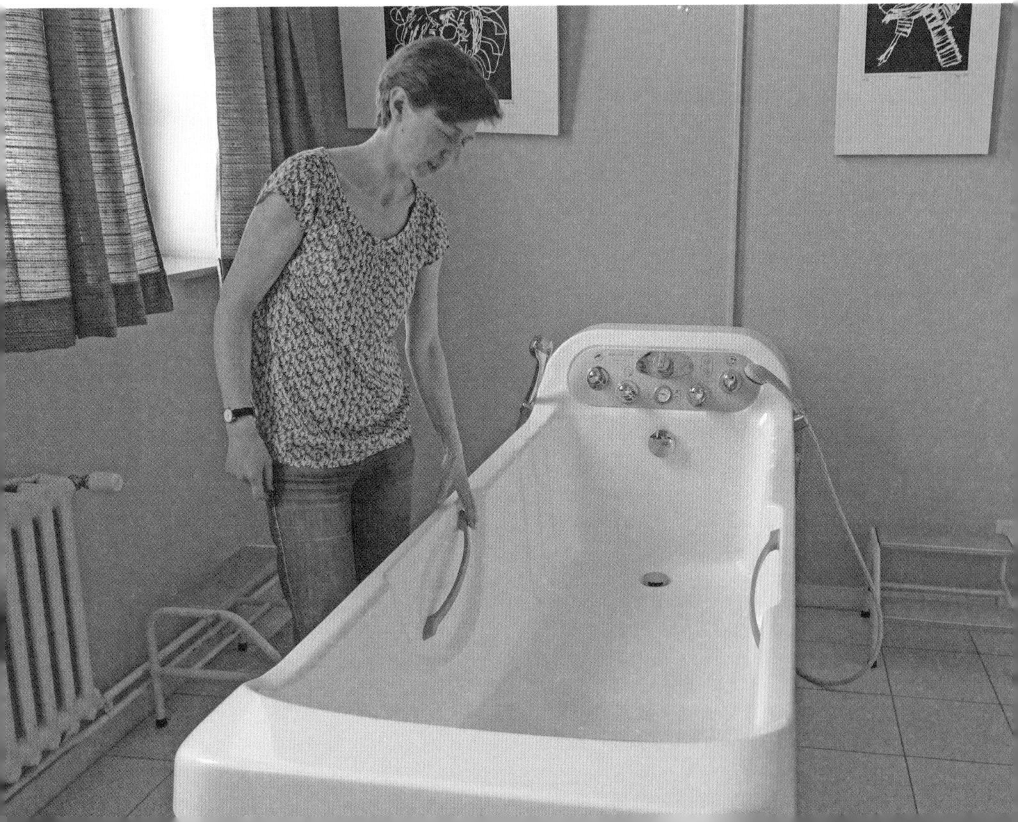

「舒適區」對完全依賴照顧者的失能者多重要，只要照顧者願意花心思，這是做得到的。

回到所屬機構，她開始想很多關於「舒適區」的意涵。至少有兩方面：

一、**這回讓照顧者更理解被照顧者的感受，源於照顧者願意放開「舒適區」**。若在職工作者對失能體驗學習淺嚐即止，或只是選擇性的接觸一點點，則不會如這次啟發。未來的照顧者教育訓練要能更深刻，可以從突破「舒適區」的概念來思考。從一位一般民眾轉變成專業照顧者，有哪些個人原生「舒適區」要自省檢驗？這些「舒適區」如何影響我們和客戶互動？如何可能引起衝突？怎樣取得平衡？願意投入照顧工作要樂意放掉哪些「舒適區」？有的照顧者非常不願意被別人觸碰。但是若在失智區工作，有時被老人拉住手，如何能理解老人需要觸覺感覺安全，不能全看為性騷擾？

二、**我們照顧者體會到「舒適區」的意涵與重要，客戶也有可能非常在意他們的「舒適區」，而且不同的人還可能有不同的特別在意之處**。比方有的人是各種聲音、各種氣味、觸覺物體、視覺景物、作息時間、身體部位、某些言詞⋯⋯。失智的人也有旁人距離遠近而有不同的安全感，旁人到四十五公分之近已可能引起激烈行為自保，卻被人認為是錯亂或脾氣不好。許多失智失能老人需要別人協助生活，我們如何透過語言、非語言和態度表情，傳達我們在意他們的「舒適區」，讓他們感受我們瞭解和設法找方法保護他們的「舒適區」？若是如此，未來在一個日間照顧中心、養護機構或居家服務，「舒適區」概念如何影響我們提供更優質的照顧？

越失能者活動範圍和自主性越低，那些「舒適區」也可能更被放大成最後尊嚴防線。所以想想，推幾位老人進洗澡間，拿水管起來輪流沖，就更感受痛苦了。也可理解讓許多不同習慣和不相識的人必須如急性病房般長期住在一起、被聽見一切、被看見許多，二十四小時，是何等難受的事。

同樣因這些想法，後來在丹麥長照教科書有「舒適區」專章討論失智照顧的各種互動距離意義。德國長照教科書也有專章討論裸體等各種身體接觸。我們臺灣的照顧衝突不少，或許「舒適區」也給我們更多觀念啟發，而非一切輕易的說，失能者固執、封閉、躁動、不願配合。

32 他山之石有亮光要靠離開負面思維

我們已經投注許多資源在長照，每每一聽到歐洲、日本等照顧的成功模式或案例就組團考察。臺灣去國外考察的人數頻率與花費，恐怕只有中國大陸可以比擬。然而想追求更好品質的照顧，除了年年出國考察，和國內硬體資源挹注，還有一個一直存在的障礙要跨過，就是繚繞不去的負面思維看現象。以下都是真實的例子。

許多人希望瞭解北歐身心障，當我們展示重視失能者潛力而支持失能者自製的種種美麗實用產品，聽者又要來聽又要下結論說：「這些作品一定是身心障住民被逼著做的，要做才有飯吃」。

介紹歐洲社區照顧如何執行，聽者說，那都是因為他們有錢。後來介紹北歐怎樣不用花很多錢，靠彼此顧念的社區志工組織，加上重視精神層面富足，也可以過很有品質的生活，問我：「難道他們都沒壞人嗎？不是自殺的很多嗎？」、「他們不是很有錢嗎？為什麼還有人自殺呢？」這樣問題一再問，記得有次一位芬蘭朋友實在聽得受不了，回答：「錢不能解決一切問題」！

當大家將他國美好的照顧都歸因有錢，到底是我們懶得做？還是真的都認為別人是因為有錢？

有鑑於此，有次我分享臺灣故事，我沒說是臺灣的故事，起先我說非洲國家政府官員聽說臺灣陳樹菊很了不起，於是來考察。考察結論是臺灣人有錢有閒所以才有陳樹菊這樣的事發生。聽者都曾任地方政府高官和教育界首長，他們非常不以為然，指正說：「胡說，哪是因為臺灣有錢，那是因為愛心」。我就婉轉的請問，既然如此，我們怎麼只要一講到北歐，就立刻說都是因為有錢呢？

接著介紹，有位不能說話的老人，我們用大提琴拉音樂能改變他，他開口說話了。聽者都是地方意見領袖和高官，他們說：「那是因為歐洲有錢」。我說拉大提琴的人就是我！那是資源連結，是在臺灣鄉下。他們不說話，但是中場休息時，跑到我身邊，對我說：「你你你……你特別啦你」。然後路過後去上廁所。下半場我介紹臺灣屏東客家帕金森夫婦也如此扶持，聽者說「這是少數」。

後來，要我介紹歐洲媒體如何幫助大眾認識老人，我說明他們收集各種新聞報導影片來檢討，出了完備的手冊，訓練媒體經理和編輯排除對老化的各種刻板印象。這回換臺灣的傳播學者問：「難道歐洲媒體都沒有壞的嗎」？

不久後，荷蘭失智照顧因豪格威失智村報導而在臺灣一下子很紅。邀我介紹荷蘭失智友善超市，這的確從發想到訓練員工，然後年輕的賣場員工自行發展注意事項手冊，很不簡單而且風評很好。就各國都在推動社區化照顧時，是很經典的案例。解說後有問答交流時間，臺灣失智照顧專家說：「請說明一下，荷蘭超市店員們為什麼不會趁機騙老人的錢？或他們的超市經理怎樣控制員工不會趁機騙錢」？

我介紹後來別國出於民眾由下而上，發起改造失智友善，鼓勵臺灣民眾若願意，也可以如此。聽者說：「你這些應講給政府聽，只有政府才能」。

談到老人照顧老人之辛苦，但也有互相扶持樂觀包容而美好的故事。介紹臺東基督教醫院前院長譚維義夫婦，譚太太中風後，譚先生如何相互扶持，如何自製簡易復健器材，繼續帶著太太到他國服務別人。聽者說：「那是因為譚是醫師，那是因為他們是美國人，國情不同，我們這邊一定亂吼亂叫不配合復健」。也許有不理想的，但怎麼一味聚焦放大那不理想的，而不想學習譚維義呢？

這麼多不同的例子看到我們多麼習慣和喜歡用負面眼光看待現象，是否有些啼笑皆非？即使是成功美好改善問題解決困境的範例，怎麼這樣難走出負面思維？這些思維由何而來？也許大家答案不同，但可以確定的是，在逐漸邁向老化的過程，我們一方面竭力找浮木，到處去看模式；另一方面得降低避開或破除，或可能靠朋友支持，或可能靠信仰，拿掉這個負面思維的面紗或眼鏡，才可能改善現況。

33 迎接老要預備心靈環保

有位七旬女性長者很會理財，十多年只見她對房地產不斷買進賣出累積巨額財富，在臺灣景氣不佳時煞羨他人。但最近開始不斷責怪其夫，不但在家如此，四處遇人也說。弄得老夫妻分居，這位訴苦者也變得失眠、生活失序。

當人年歲漸長，生活人際圈縮小，夫妻互動若成為主要互動者，甚至唯一互動者，則這類言語傷害可能效果會放大更多。而且訴苦者有的是四處說，有的只對配偶發洩，若這樣，配偶的苦就更不是外人容易理解的了。

這位女性長者的長輩患有失智，親友難免想到她也可能失智。但仔細想想，老年夥伴間，只有失智才會如此嗎？一位資深而對照顧技術和人際互動自認為還有經驗的照服員聽聞這樣的人也說：「要是我碰到一定跑開」。若大家都這樣想，尤其是2.0的各種據點服務人員也都這樣想怎麼辦？還有一位家庭照顧者說，老夫老妻相處，最痛苦的不在身體病痛而已，而是不休不止的碎碎念產生的精神壓力。

失智專科醫師朋友說，當人老了增加對另一半持續惡言相向或困於責難，很有可能是年輕時發生紛爭和傷害，當時未能完全處理而壓抑心中，以致年老認知退化時空錯亂，控制不住又翻舊帳。雖是幾十年相處，天天說沒完如千年舊帳。

▲ 長者除照顧自己也可以發揮能力照顧別人的心靈需要。
（圖為九十歲長者為身心障聖餐服務）

當我們衛福部大力推動延緩失能計畫時，即使政府砸下更多錢，似乎現有官方計畫比較聚焦體能、肌耐力這些。這些是重要，可是許多保健專書早已說明，健康是身體、心理、社會，還有靈性。如果全投資身體，也不過只是全人健康的一部分，總體還是和完整的健康有距離。說得難聽一點，體能好，心靈不健康，還是會造成自身與親友，甚至專業照顧者的劇烈頻繁摩擦。

政府與專業長照決策人員以及第一線專業照顧人員，會否定這種挑戰存在嗎？當然不會。但這種心靈帶著以往記憶與苦毒走進老年的衍生問題，實不是一般帶體操、表面評估「日常生活活動」（Activities of Daily Living，簡稱 ADL）的治療師能完全勝任應對。

長照 2.0 要積極推動，四處謀建在社區中提供整合型照顧服務，便是長照的 ABC。「社區整合型服務中心（A）」、「複合型服務中心（B）」、「巷弄長照站（C）」的社區整體照顧模式，只要開辦的服務點越多，若如上心境的長者跟著增加也不奇怪。的確，迎接長者的單位和服務人員需要更好的預備。至少服務者自身要有健全的自我價值，並預備耐心能重複聽到這類怨言。

再接著是除了聽，讓對方覺得有人聽，能說出來之外，後續如何應對也很重要。例如要判斷為什麼前一陣子不會這樣老調重彈？是生病？還是最近生活有人際互動變化是服務者還不知道的？又例如服務者基於善意，但若不留神，以「這樣抱怨就會更好嗎」？來回應。看來是引導反思的教練，會讓訴苦者走出來嗎？一方面這種長者需要說，也需要有人聽；另一方面，這種長者需要走出苦毒，從赦免原諒對方而讓自己免於綑綁，當然這並不容易。真是需要若干藥物有限的改善情緒，和超越自己的力量來引領走出。

基督教講上帝有愛，願意用愛充滿人而幫助人赦免別人，也講人的價值不建立在受別人多少傷害，所以有機會走出外來心靈傷害。但基督徒也不是全都成熟，還有許多功課在學。活在其他宗教的人也真是「各有一本經要唸」。

基督教背景的失智專科醫師說，「願每位弟兄姊妹進入晚年前，都能預備好潔淨的靈。靈裡環保已不是預備進入天國才做的，而是要做『好』老人和『好』失智老人，要先預備的」。除了服務者們要更正視老人一路累積的各種內在傷痛經驗隨時可能因為新的因素誘發，也提醒了我們，想要成功老化、活躍老化、健康老化，邁向這些喊得很響亮的目標，真的不是「三三三」運動政策和物理職能治療的延緩失能活動計畫而已。人人得及早面對心靈健康，莫把一生愁苦帶往老年，這才是更完整的老年健康預防政策。

34 長照偏鄉情結再思

不久前遇見一位在東部的體育老師，交流老人健康促進的未來。開場白很自然的從「我們資源缺乏……」開始。我說真是這樣嗎？他不知道怎樣接下去。因為在以往許多研討會和媒體報導都是這樣開場。為什麼長照基層有好些非常否定自己的工作者？動不動就「哎呀，我們缺資源……」。

以臺東為例，缺心臟和癌症專科醫師是事實，的確要想辦法改善資源可近性，例如交通、設備、人員，甚至管理流程等。但從發展長照觀點來看，一直去喃喃自語唸這個事實的同時，還有多少可貴的資源，我們卻不花時間去看它？

開門就是大片青山，多條都市沒有的清澈小溪，和生物活力十足的水塘，就可以發展很多早期失智社區復健活動。更不用說軟土田埂，讓人摔了不像水泥地和豪華的花崗地磚更易骨折，還有各種顏色與味道的花草農作，以及多樣讓人和諧有安全感的自然界聲音，不是嗎？為什麼東海岸有少數已經頗華麗完工的日間照顧中心，有些長輩被送去喘息居住，一去就哭，或拒絕使用設備？為什麼有許多輪椅堆置成為只是佔空間的障礙物？為什麼有的設備不怎麼樣，卻讓長輩去的很高興，為生活加分？

倒是我們的發展價值觀真重要。所謂發展價值觀是說，我們到底是一味配合政績，不覺得自己應該或能夠和決策者對話，來尋求最適合發展？還是拿不斷增加硬體希望獲利為發展動機？或者真的有仔細去瞭解，到底所在地有多少當下需求，有哪些替代方式可以務實逐步拉近需求與資源差距？或是我們還欠缺開放的心，和不同領域的朋友交流？因為那會使我們從看不見資源，到變成看見更多資源。

其次，有無理解學理而能運用資源？如果我們理解五官刺激和認知衰退後感知環境的代償原理，對以上都會區外還保有的在地元素，對在地長照品質升級的意義與貢獻，則面對挑戰的態度就大不相同。

除了基礎元素，再看服務設計與系統整合。以服務設計而言，一棟完全符合醫療規範的大型日間照顧中心有無必要？如果化整為零成家庭托顧呢？屏東已有許多成功例子。家庭托顧在鄉村的阻礙和利基，原則上比都市理想。

在挪威北部，幾個家庭可能相距數十公里甚至上百公里，加上低溫可能零下三十度，所謂偏鄉資源和照顧條件很難比臺灣好。後來研究者發展公部門支持鄰里相互照顧政策，聚集數位老人成迷你家屋，各種方式來改善。

在丹麥有些急性後期照顧中心，物理治療師陪同老人，甚至樓層安全梯成為例行復健運動空間。因為對應老人回家生活，他們需要練習繼續使用樓梯。這和專門再用個空間花很多錢蓋硬體，功能重疊，卻省很多錢而實際。

▼ 許多潛在資源能服務長輩帶來更高生活品質。
（圖為臺東中學生拉琴鼓勵居家老人活動）

在芬蘭有六千個小島的歐蘭自治區，要養活機構當然不易，要逐島居服也不容易，不只老人照顧，連小孩就學資源等，也面臨和首都大不相同的處境。不但設立了三十床的安養機構如社區住宅，再與鄰近小學共用廚房，而且讓小學生帶隊來機構餐廳吃飯，小學生吃完，換員工用餐，然後老人住民來吃。餐飲設施小而美滿足多種人飲食需求，品質無城鄉差距。又自然的讓小朋友進出機構，但限於餐廳，不會吵鬧住房區，這樣讓安養機構生氣勃勃，小孩自小看到長者機會更

▼ 看見自己的價值往往扭轉既有印象而發展更好服務。
（圖為花蓮照服員體驗被照顧在職訓練）

多，也是很自然的社會教育，真是多贏。

其實任何一個地方的長照發展，或許先問價值觀，這至少包含客戶和政策執行者雙方觀點，精確的看現況與未來需求。然後再從硬體設置、服務設計、系統輸送三個層次看現況怎麼做？通常大家在臺灣的慣性思維是先問錢，先有錢再說。錢當然重要。可是跳過價值釐清和服務設計，直接趕快找硬體湊出政策結果，是很容易丟三落四的。我們東海岸的優勢很多，長照，是不是永遠要視為「偏鄉」，繼續在資源不足的論述打轉，很有討論空間。這不是一個外交辭令的結尾，而是真的要營造討論空間，討論出新的發展空間。

35 更優的長照評鑑輔導——芬蘭

芬蘭波勒佛市（Porvoo）有個改造成功的小規機（小規模多機能服務）照顧機構，六十位住民，成為全城市公投最適合一般勞工工作的公司機構。這激勵長照界，也讓長照工作的社會形象自然大為提升。臺灣有些機構感到好奇，因為我們討論照服員形象已經很久，而且流動率高。改善問題，衛福部長也說重要。但芬蘭怎會發生這樣的事？訓練方式和評鑑方式都有關係。

第一，他們不再使用大批學者專家分組巡迴，這種在臺灣被戲稱「訪視產業」的方式，因為很難看到真相，而是用統一表格，由各單位自己評估、自己改善。自主管理後，文件傳給政府主管機關。官員和專家只有在機構住民或客戶抱怨申訴受理時才會到現場瞭解。節約可觀的經費和虛耗的官僚流程，增加單位自己追求更好品質的動機。

第二，引進服務業和企管方式，由客戶填寫滿意度。幾乎所有和照顧服務相關的服務單位都普遍實施，民眾也都知道是玩真的。單位內部管理由主管和員工一起使用指標量表互評現況和找出未來目標。當然，是在良好氛圍，大家都瞭解這樣做會彼此幫助的前提下。

第三，不再用好幾個月去評鑑一次，更多單位使用教練，以持續輔導方式幫助改善經營，有點像臺灣所謂外部督導。但教練投入觀察，採取連續性訓練，有整體具體方式打破思維，而且從態度改變開始。這樣後續能更提升員工創造力和參與感，看到自己的變化與照顧提升結果。

比起制式輔導評鑑，芬蘭後來的做法驗證，教練式幫助和與單位互動，有更深的理解，比較降低敵意防衛心，也增加互信。單位自我追求卓越的動機更強。因為不是在湊數，人人內心真有動起來，從只有幾個頭腦在想辦法，變成幾乎所有人都在想辦法。

以這個有四個小規機空間的機構而言，教練已讓好幾個如鐵板一塊，只抱怨人手不夠、經費不夠的機構，變成家屬都想預約的小規機。打開員工的眼睛改變態度，重新看自己和客戶，由下而上扭轉工作文化，教練說：「不繼續等問題解決而是解決問題」。

之後有許多調整做法如下：

一、**空間管理**：以前失智區怕老人亂拿、亂藏東西，盡量把東西收起來。但這讓老人被剝奪生活而顯單調。現在盡量像家，若有少數老人亂拿就允許他們，再放好就好。又將臥房的床從以前病房思維放在中間便於護理而改成靠牆，以便更像真實家裡的臥房。員工獨立辦公室減少，僅留完全安靜可以辦公和與外界通訊的空間，這樣員工每日有多陪伴老人的時間。主任的行程公開給所有員工看到，讓大家知道。全機構只有藥房有監視器。

二、**每日生活**：在歐洲許多機構採取護理與照服員分工之外，聘專人帶領活動的潮流下，芬蘭該機構則另闢方式，所有照服員都負責帶活動。所以更多老人得到個別支持。因此在一般照顧時間，照顧者學得更豐富柔性創意互動方式來與老人配合，降低衝突與誤會。

三、**人員訓練：**關於組織文化和團隊合作的內部訓練，由員工分批，沒有漏網者。凡外出講習者，有專屬分享文件夾放置員工最常出入，訪客也能看到的地方，一定將自己的收穫與建議公開。所以人人可以參閱，不會浪費訓練，也降低去講習的人和其他人認知落差擴大而無助整體推動改善工作文化。

四、資源連結：許多花店將不是最新但賣相還可以的花低價賣給機構，用來支持節慶活動或美化氛圍。找當地很有歷史的巧克力廠與美食廠商合作，除了口味享受，也勾起住民回憶和認同，並且感覺仍然屬於社會的一部分。

改革後，老人用藥普遍減少，更快樂活潑，照服員覺得工作更有意義也更被看重。現在連這機構的主任也被同一城市其他機構找去當教練。

臺灣有哪個護理機構或某機構照服員是全市公認最佳就業場所或職務？希望有或將來有。長照訓練要轉向態度價值素養，走出偏重技能和聽命行事。一直你罵我我罵你，再一起抱怨老闆和官員，然後又不肯改變，不是解決問題的方法。我們誠摯祝福未來臺灣有波勒佛的故事。

▲ 更接近真實的觀察替代書面展示才能提升評鑑品質。（圖為芬蘭長照教練公司教練到機構訪視）

36 芬蘭、丹麥、以色列的長照轉化創新

二〇〇八年我獨自到芬蘭採訪老人運動，翻筋斗、倒吊吊環，引起很大轟動，不論運動科系和醫療界都眼睛為之一亮，陸續轉傳而且多所大學用為教材。但很少人注意到，那位看到老人潛力和延緩失能意義而大力推動，讓臺灣人嚇壞的運動專家，並不是醫師也不是物理治療師、職能治療師等醫界人士，而是兒童特教的體操老師艾基特佛。

艾基特佛已經引導重度身心障小孩體能活動很多年，他知道怎樣預備安全的環境，他知道肢體力學機轉，他能用肢體語言搭配表情和嚴重智能障礙的小孩溝通，讓他們樂意運動，樂在運動，等於為受限制的孩子們創造新世界。

當老人增加，艾基特佛將發展身心障運動的寶貴經驗轉化用來幫助老人。他能觀察，能防範傷害，能激勵老人，能有量身打造的暖身，到運動，再到運動後緩解，所以非常多老人得到幫助。

在臺灣，如果要讓老人像芬蘭那樣強壯，大概少部分的人會想到或認同一位小孩的特

教老師有這個能耐，或者有許多法規和領域界線搬出來框死他。

事實上後來國內多所國立大學體育科系集資去芬蘭考察，又把艾基特佛請來臺灣，但多年後我們的延緩失能，還是在醫療體系，開會發展跨域整合計畫，仍是物理治療和職能治療。因為我們不相信別人可以會，也不曾想到特教知識與經驗能轉化，大大嘉惠老人與其他成年失能者。甚至國內特教、幼教老師在憂心少子化想轉業時，是否看到自己更多可能，有待觀察。

類似情況在丹麥急性後期復健中心。有個辦公室很熱鬧，裡面都是中小學在職來兼職或退休來全職的老師，他們有多年帶領手工、藝術、導讀故事、唱遊等經驗。當急性後期照顧需要激勵動機，從事有趣、有成就個別化活動時，復健中心不會只想到物理治療、職能治療，或認為只有他們可以包案、標案。而是看到機械復健外，生活性活動的意義。分工除醫療照顧各組，另外還必須要有活動組，因而請來這麼多教小孩出身、無醫療學位的老師們。

相似的情形在以色列。以色列發展細胞合成人造肉為食物的臺拉維夫大學教授麥基，原來博士論文寫女人高跟鞋的壓力問題，後來將學到的知識轉用老人褥瘡改善，然後將皮膚組織到肌肉再到神經骨骼的理解，轉用到協助以色列國防軍發展野戰步兵使用的男女不同設計的大背包，避免壓壞神經造成永久傷害影響的持槍射擊動作。再接著，他將以上知識整合，開始製造不殺動物而用細胞培養合成的人造肉，要幫助缺乏糧食和希望降低養牲口減碳的國家。

以一年節約一百四十億臺幣的知名以色列撒拉之手輔具借用維修中心，有人去洗車，想到用汽車洗車道的概念拼裝成輪椅清潔殺菌通道。可以調溫、換各種清潔劑、調整水柱方式，再輔以電腦遙控，就成了節約人力的初步清潔消毒，避免維修者接觸剛送來的輪椅。以色列幫青少年發展科學物理實驗的業者，又將樂高玩具零件電動化，把馬達和晶片組合，變出遊戲化的老人復健器材。

觀察芬蘭、丹麥和以色列創新，我們國內常常一講就把話題導向人家國家花多少億，或者有何補助。的確許多複雜發明是要這樣支持，如藥廠想到發展失智藥物，投資十年收山，因為找不到標靶。但並非許多有很實際重要的創新都是巨額疊出。以上例子都有基於關懷人的理念，有自信，對資源有覺察力，願意嘗試。這些其實在其國家基礎教育就如此，簡直就是生活風格。

芬蘭中小學鼓勵發問但不許吵著舉手，加上老師教學用心，所以教室常是一群學生舉手靜默等被老師點的場景。丹麥從幼稚園就很重視彼此給對方安全感，創造最佳溝通氛圍來對話。以色列教室則常鬧哄哄，因為學生會一直質疑老師的內容是否為真，質疑踴躍偶而就像他們擠公車一樣努力。

這三個國家國民幼年不被限制，特別重視藝術和體能課程，而不以其他所謂主科替代，幼年在校時間都遠比臺灣少。不論學歷高低，很多人投入長照被容許發展，

▼ 社區據點除直接照顧也可同時透過照顧發展最接地氣的服務科技。（圖為丹麥失智社區活動據點服務科技實驗圖書館）

而有許多亮點。以色列諾貝爾得主謝爾曼告訴我，只要孩子努力值得一點鼓勵，決不吝嗇表達。丹麥鼓勵學生用系統佈局圖檢驗思維周嚴，來合成有品質的服務設計，學習多贏。芬蘭老師則刻意不斷轉換環境提供學生多樣刺激，產生包容和見識。所以這三國進入人口高齡化挑戰，看到挑戰不會輕易說沒辦法，會靜下心想怎麼合作處理，會不斷有亮眼又便宜務實的照顧產品、服務設計和輸送體系三種層次更新並不令人驚訝，經常成為臺灣各界耗資考察的對象。

目前臺灣長照創新方案很多，以長照為名的研究計畫也很多。當急性醫療在長照有一定極限甚至框架時，其實還有更多不同領域的人，可能將知識轉化為長照重要資源，不論是延緩失能還是廣增生活品質。但要看，我們能不能包容並且給更多不同領域的人更多可能。本於以上三國教育共同重視的基礎素養：溝通能力、人味思維、包容接納、思考奔放、彼此顧念，大家也能從終身學習看到自己未來可能創造的貢獻。

37 一個長照奇蹟？從照顧高困難者學長照啟示

談起長期照顧，時下許多人會想到老年人，可是若以需要和歷經長期照顧最久的，可能不是老人，而是年輕開始就需要長期照顧的民眾。這其中包含從出生就帶有某些疾病的人。

如果有個人常常在旁人不明究裡的情況下忽然用力摔任何東西；或者用力搥打自己，用拳頭捶胸膛大聲到如打鼓這麼大聲，恐怕很痛，可是他不管，還是一直打自己，甚至在旁人去阻止的時候也被打傷；有時高興也會用力拍打桌面、書籍或摔東西，摔得滿臉通紅而無法控制自己，繼續重複。這樣的人你敢雇用嗎？需要照顧吧？可是怎能照顧？你敢照顧嗎？以目前長照照護比，哪裡可以找兩人整天看著呢？更深的問題是，什麼是「照顧」？

你覺得隨著這個人從可愛的幼兒長大到一米八，隨時有力氣砸碎任何東西，他的生活會變成什麼樣？綁起來？關起來？住龍發堂（現已解散）？或者將他孤立？但有一個這樣的人從高中畢業，失去學校保護後要去哪裡？實際上，他已經十二年，天天可以工作，讓一個一、兩百人使用的場所與所有用品乾乾淨淨，提供舒適的環境。這個環境是我們教會。

過去十二年，他從一開始來固定擔任清理工作，某些時候他會「發脾氣」，瞬間把人嚇壞了，但是教會的牧師們與一部分會友會試著瞭解他為什麼有這些行為？因為大家認為這是有原因的，這是非常專業的因應態度。例如，牧師會問他昨天怎麼了？熟悉後，甚至更明確的問他昨天在家……。又過一陣子，牧師和會友知道怎樣進入他的思維和記憶世界，甚至是他的昨日、前日生活世界，能猜測可能哪些記憶和經驗讓他產生哪些行為，然後引導他發洩情緒、表達感受，減少受傷和傷人。

同時，看到他非常執著的個性，視為潛力，讓他每天負責清理歸位工作。因為他很輕易的記住別人記不得的位置和數字，加上堅持的個性，所以，每天來上班，不管現場多亂，他都能整理得有條不紊，他不能忍受混亂。

他能任勞任怨堅持完成每一樣工作。那種情形，好像他清掃時、擦桌時、收垃圾時，所看到的不是骯髒污染臭味，而是透過他的手，用心與無條件的付出，要讓環境恢復美好的本像。

他有時想到什麼，會不分場合就一直重複的問別人同一個問題，例如「可不可以打人」？「坐捷運怎麼來」？這和失智那種問了馬上忘記不一樣，但對聽的人又是相似的行為。而且他問得很快，甚至別人還沒回答，他又繼續問。也許是希望得到互動，也許是別的原因。在教會，也不是所有人都耐得住性子，可是多半的人因理解，至少不會惡言相向。這讓他和若去一般工作場所就可能不同了。因為教會有人來，許多人來追求成長，但外面職場，大家都在忙。

他也可能在教會愛宴會餐時，拿著飯碗四處遊走，未能遵守公筷原則，好像完全無視別人的存在。但他並無以此激怒別人的意思，只是活在自己的世界。這和一般所謂的不尊重人或自私不同。在教會，因為信仰的教導，大家都被提醒沒有人在上帝面前是完全的。大家知道亂夾菜不妥，可是大家會一遍一遍的和他說。

就這樣一年又一年，如今十二年了，他不只得到牧師與會友包容而有一個相對安全的工作生活環境，固定生活節奏。教會這些人雖不是特殊教育教授，也不是有證照的專科醫師和心理師，但是他安穩在這裡。這裡沒有外面專業所說的擬定個別化照顧計畫供評鑑，但實際上已經近乎甚至超越那些專業照顧的成果。

在教育學有個觀念，說教育怎麼教固然重要，但最重要的在確保學習發生。這位青年在教會不只得到包容，不是那種被忽略的冷漠。這裡的會友也不是彼此寒暄問暖，碰到他就退避三舍，假裝沒看見。大家幫助他學習與人相處，幫助他學習生活能力，幫助他學習用更平和的方式表達，以致變成一種預防性學習，就是在原來可能激烈自傷或摔東西之前，就盡可能降低走向那一步的機會。所以，他的學習的確在一直發生。而且在平日生活中，當他情緒穩定的時候，牧師和會友也會在多種生活層面鼓勵、支持他。一起吃飯、一起唱歌、一起到社區做服務。感謝他，給他價值，這就是一層層的身心靈保護。他能對環境和人有更多安全感，一種全無懷疑的自我價值，自然做事有更多自信，做人有更多自尊。

二〇一八年四月復活節，他受洗了。這天他獨唱他來教會學習的第一首歌《耶和華是愛》。對自閉症者，公開向百雙眼睛唱歌不簡單。這和不用接觸人面對鋼琴不同！教會的復活節，原意是因為耶穌替代罪人死，透過他的手用心與無條件的付出，要讓環境恢復美好的本像。所有相信上帝拯救的人可以因而進入新生命，一種知道自己不完全，但可以倚靠上帝的救恩學習用愛彼此相待的生活方式。這位青年之所以能走到今天，是因為周圍多少超越人的愛，讓周圍的人能與他相處。但教會沒有溺愛他，給他學習機會，在確定有愛的氛圍，幫助他分辨是非，幫助他學習能力。

不管讀者是不是基督徒，大概不難想像，要是不在以上的生活圈，過度遷就他，或者過度強制對付他，或全然不理會，則這位青年如今的生活品質與生活處境還會是上述的樣子嗎？

這個社會因為自然環境變化與晚婚和許多因素，有許多生來類似上述性格的人，因為不同的照顧方式而有不同的結果。這是奇蹟嗎？這位青年如果一、兩天如此生活穩定，人可以說那只有一、兩天。若一、兩週，人可以說只不過一、兩週。但已經十二年，一直在進步，他周圍的會友也因此對更多相似的人理解接納，知道怎麼相處。這不是偶然了。

至少讓我們看到，外表看很難，沒辦法的照顧，事實上可以充滿盼望。但要不要試試照顧他和幫助他學習的方式，就看大家的選擇，而回歸長期照顧從上面故事得到的啟示，至少有以下五點：

1. 要相信事情有改變的可能。
2. 事情的改變可以從你我介入出手開始（以上兩點也是北歐長期照顧的原則，有挪威文獻可循）。

3 要能從正面看到人的特點也可能是潛能與長處。

4 理解各種行為現象都有原因而非無厘頭。

5 愛是創造力的來源，愛可以讓許多可能發生（這也是芬蘭長期照顧的根基）。只有無條件的包容和愛而且還要讓學習發生，才能帶來前四項發生的機會。

38 高齡社會永續經營的臺柱

臺灣人口快速老化，政府推動長照回應民眾照顧需求。然而若以整體社會發展永續經營來看，面對老化，長照只是對策之一。若只重視長照，正面看，支持達到失能照顧條件而使用服務者，能延緩失能；但負面看，也將不斷增加投入資源，而無盡無止。以臺灣目前稅收制度和民眾誠實繳稅現況，以及對政府使用稅收的信任，照顧經費一再不足，而民眾仍有怨言，還有照顧者爭取更高待遇，以及多達約二十六萬的外籍看護，一年貢獻照顧要提走六百億臺幣，未來社會如何永續經營？

看看比臺灣更早面臨老化的國家，無不採取多管齊下政策，包含全面支持高齡再就業，終身學習以適應社會避免疏離，強化多樣非醫療支持服務推廣，然後才是長照。或可說，這些都是主要支柱。目前，我國前三個支柱很有討論提升效能空間。以全面推動高齡再就業而言，這可以幫助更多人處於固定生活節奏，保有人際連結，而且能生產帶來經濟養活自己，又有稅收貢獻社會。會搶到年輕人就業機會嗎？那是制度設計問題。

以日本而言，限定一週上限二十小時，芬蘭更積極，讓年輕人發展上一代年輕時不曾聽過、做過的服務業和科技業，老人則重視經驗與密集勞力社會互動工作。以挪威而言，四十年來成為全歐老人勞動參與最多的國家，早已成熟的發展職場世代生活適應、創造職務設計、開發再就業潛能等多項措施。

我國目前六十五歲到七十四歲有近九成國民生活功能良好，七十四歲以上也還有近八成國民能獨立生活。同時有十八萬離職照顧者，他們都是體能、智能處黃金時期的國民。如果不積極支持鼓勵就業，不翻轉老而工作好可憐的價值觀，則可以想見，向社會要資源的人急速增加，能貢獻的更少。勞動部有在推動，但有在推動，和系統推動、周延推動以及前瞻化推動不同。如果瞭解臺灣處境，得更加速高齡再就業。

至於終身學習，因名為學習，故有教育部門介入。實際上最早的長青學苑來自社政發動，屬於社區活動。後有關懷據點，推廣問安、訪視、共餐、健身等。是否確保國民老化能有效習得生存素養，認識老年自我照顧為公民責任。如何平等分配學習資源，輔以適性支持引導，讓更多非軍公教人士都能容易獲悉分享學習資源，仍有非常大發展空間。而且如何走出硬要中小學配合發展，更能由長者自行由下而上，從退休準備一路到各種老年迷思突破，和開發老年潛能、熟悉照顧服務社會資源，以避免求助無門。本於這些方向共同發展優質終身學習，將影響更多人對健康的看法，這又成為長照前端的積極預防。

關於非醫療專業的生活支持投入，可粗分志工與時間銀行兩大類。志工，重視不求回報服務，保有人際接觸，能終身學習，增加生活意義。時間銀行則是有兩百年歷史的助人模式。當志工數量不足，被照顧者眾，初老比以前更健康。此時，若以相互幫助累積時數可得回饋，或許更有誘因鼓勵投入服務，用人與人的互助延緩人口老化的社會壓力。期待如此能幫助人生活有意義，尤其對初老者而言，自己未來生活感覺更有保障。當然這需要周延設計，以免衍生爭議或無法兌現。

老化社會要能永續經營，如同多片木頭束成的木桶，只有在各片均高才能容下更多水，任何一片殘缺破裂則無法留住期待的水量。以此觀念來看，只重視長照，將只見資源無限制增加。除了積極支持高齡再就業、終身學習普及多樣供應不同族群老人、非專業醫療的照顧服務互助制度，還有哪些重要支柱？也很值得社會各界根據不同角度和在地文化再去發掘，以確保開源節流。高齡社會幾個支撐臺柱必須均衡布局，才可能留給下一代夠用的社會資本。

▼ 我們要調整老年刻版印象，才能創造更多老人參與社會和求知機會。（圖為日本山口縣書店經營的公共圖書館）

參考他國的居家服務

39 旁觀丹麥夜間居服

臺灣長照積極推展，其中居家服務是主要項目，而且隨減少機構化增加社區化照顧趨勢，居服品質越來越重要。臺灣目前主要以日間居家服務為主，雖然需求量大，但居服公司僅日間穩定出班就很勉強。在其他國家，以配合需求和完整照顧為發展方向，所以奧地利有晚班，丹麥有二十四小時的居服。不久前，因為探視朋友母親，一位獨居老人，正好遇見晚班居服來照顧，是難得的機會在現場看到夜間居服的用意和照顧者訓練素質之重要。

本於丹麥國情、長照政策，希望多數老人能住在家裡。她一直居家，她住的小社區是兩排平房，好幾家都是需要居服的老人。一排住家中間有一間客房和容納五十人的會議活動間與廚房，可以辦活動，可以接待親友訪客住宿。

這位老太太八十六歲，退休前是商店秘書，也是業餘作家。先生過世，有幾個兒孫散居各地。血壓、血液循環不好，尿失禁要整天用尿布，下半身不良於行，脖子已微微歪一邊，靠在輪椅頭部支撐墊。在家靠電動輪椅。但思路十分清楚，心情樂觀，生活理念是不將煩惱一直放在心上。牆上掛著「上帝給我安寧讓我面對我無法改變的各種困難，給我勇氣讓我改變我可以改變的那些事情，給我智慧分別出以上兩種事的不同」自勉。平日以打電腦看世界各地的新聞和聽音樂為樂趣，或親友來訪，偶而因節慶由人帶領推輪椅到社區護理之家參加活動。

她客廳有一個坐輪椅方便伸手使用的移動桌，上面擺著各種喜歡的飲料。兩邊各有桌上電腦和平版電腦。經物理治療師評估過，用桌上型對已經彎曲的上半身延緩老化不利，建議多以平板為主，但各有用途。她吃的不多，吃藥不少，也都有居服員安排好。家裡留有所有兒女各種照片，輝煌的過去，以及年輕以來的主要器具與裝飾品，還有效果很好的音響，影響她的歸屬感、安全感。

已經失能到如此，在臺灣，大概請外籍看護顧整天，或者去機構。外籍看護等於家裡來了個陌生人，去機構又失去家裡的空間和自在，能繼續住家裡當然更好。但怎麼支持幫助，讓她繼續住在家裡？靠日夜居服。住宅大門配合親友進出，改成老太太可以操控的電動門。老太太臥房也安置移位天車，以便移位機更安全省力移動老人去洗澡、如廁和上床。

居服制度有早班，上午八點到下午三點半，晚班（或說中班）下午三點半到十點半，之後是大夜班。第一班以自行車和步行為主，第二班以自行車和汽車為主，夜班用汽車。

我晚上八點在老太太家陪她講話。預計遇見的是三點半這班的最後一部分照顧，也就是來幫忙睡前如廁和移動到床上的一切準備。依照這種制度，想必十點到十點半，居服員會出現。不料八點半電鈴就響了。居服員進來，有弄錯時間嗎？沒有。居服員說，她來看看老太太在上床前兩小時還有沒有什麼有樂趣的事情想進行，可以幫助什麼。

這位居服員是立陶宛移民，合法移民，不是契約外籍看護。她已經過三年語言和新移民職訓的照顧基本訓練，又進入丹麥本國人訓練居服員的學校兩年，瞭解丹麥文化，能用流利丹麥語執行工作。

老太太表示沒有特別臨時需要，但老太太今日多得到一次溫馨的笑臉。居服員一次笑臉很值錢嗎？是的，老太太很在意。一方面獨居，二方面，別的城市的居服員不一定如此。可是這區的很友善，讓老太太很有安全感，與居服員的互信非常高，心裡知道萬一有什麼需要，真的有人理。

居服員先離開，到了十點半又來了（這時還有別的居服員也開車到同一社區，到別的家庭進行一樣的服務）。老太太自行操控電動輪椅進臥室，之後居服員將移位機推來一旁，束帶綁好吊掛起來，以便去如廁。然後換夜間尿布，再以天車吊掛移動到床上。

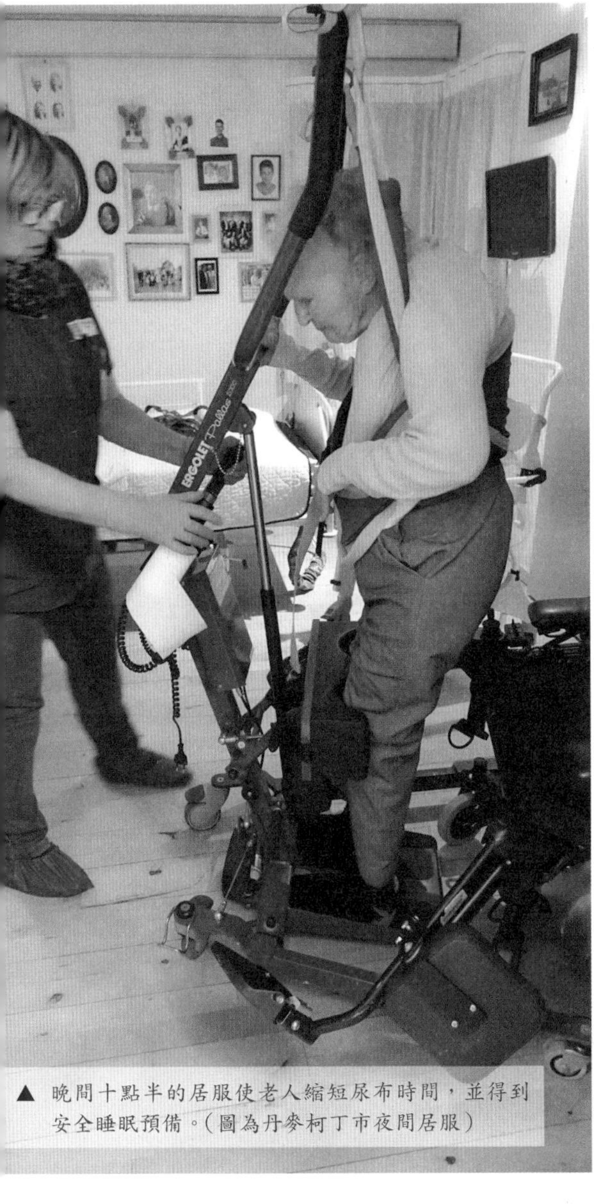

▲ 晚間十點半的居服使老人縮短尿布時間，並得到安全睡眠預備。（圖為丹麥柯丁市夜間居服）

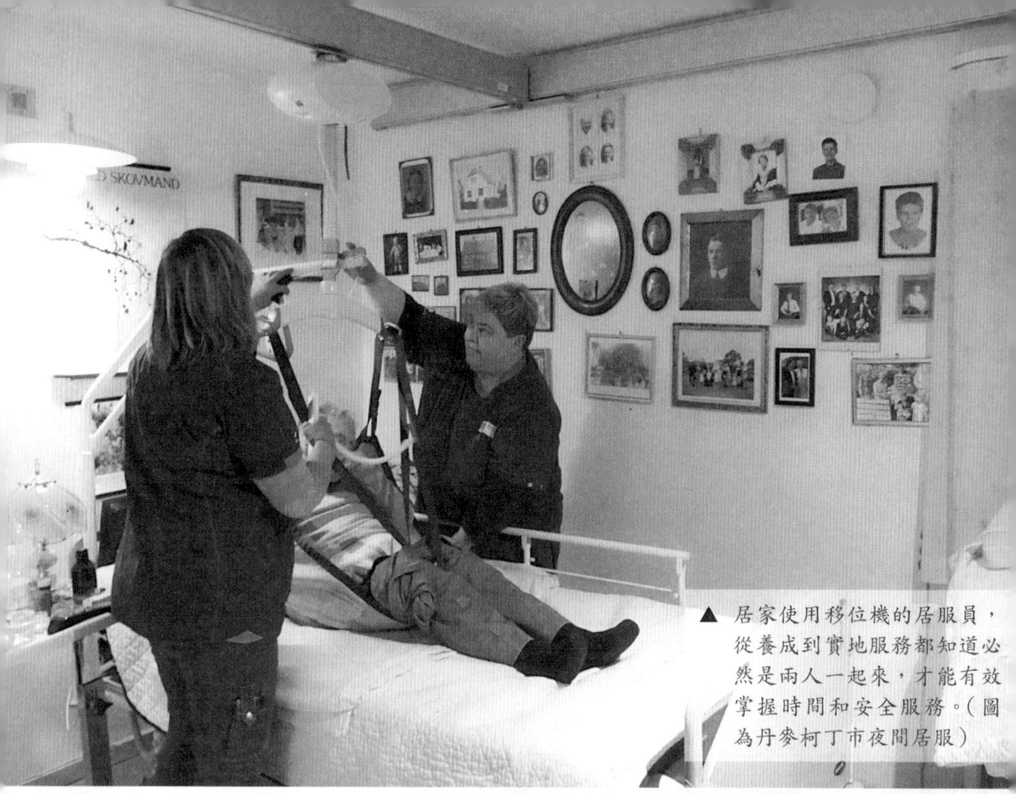

▲ 居家使用移位機的居服員，從養成到實地服務都知道必然是兩人一起來，才能有效掌握時間和安全服務。（圖為丹麥柯丁市夜間居服）

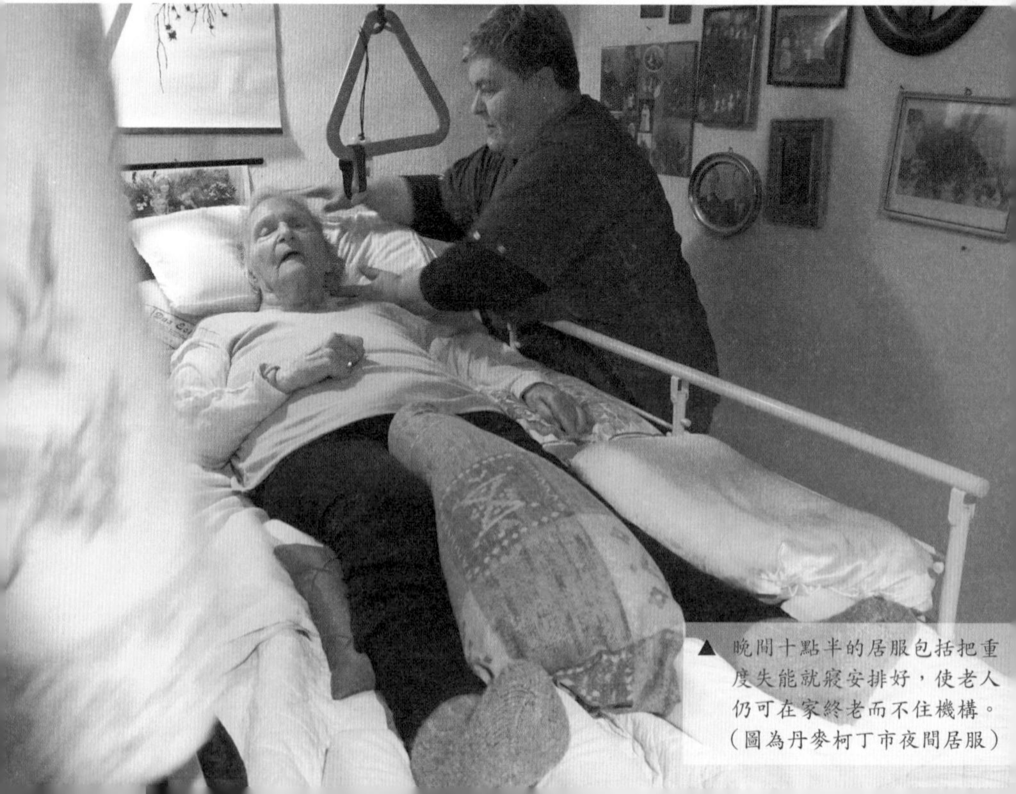

▲ 晚間十點半的居服包括把重度失能就寢安排好，使老人仍可在家終老而不住機構。（圖為丹麥柯丁市夜間居服）

就在這時，依照照顧規定，下一部分移位使用機器需要的另一位居服員準時出現。她來協同第一位居服員合力平衡出力，將老太太安全柔軟移到床上最適當位置放下。並進一步左右兩側一起整理床鋪，放上靠枕，接著幫老太太足部抹乳液保濕，穿襪，再於腿兩側各放一組預防褥瘡支持型靠墊。然後兩居服員研究一下六個靠枕是否都擺在最適當位置。這種工作兩人一起做很快，不像一人左邊拉床單，右邊又跑掉位置，或左邊拉，又要移動到右邊再拉另一邊，很累。因為老太太已經在床上，也有七十公斤，有的男性更達一百公斤。

接著將老太太半夜要喝水等雜物的小桌推到床側，並將夜燈開關放好，還有電視遙控器，以便一早早班還沒來之前，無法移動，至少有些樂趣。就在這時，第二位居服員體型較大，不慎轉身時將老太太美麗的檯燈碰落，打碎翠綠燈照。有沒有嚇一跳？有沒有互罵？有沒有要賠？有沒有抱怨都是老太太燈不好？都沒有。丹麥居服員訓練時，就要求學員要有獨立面對問題的能力，多個模組的主題訓練。居服員從容道歉後，把燈撿起來，看燈泡沒壞，再插電，冒火花，嚇一跳。拔電源再試轉燈泡，因燈泡座摔壞，一時無法換燈泡。

往客廳去，找替代照明。因為現在主要的任務是解決今晚的照明需求。找來一個如臺

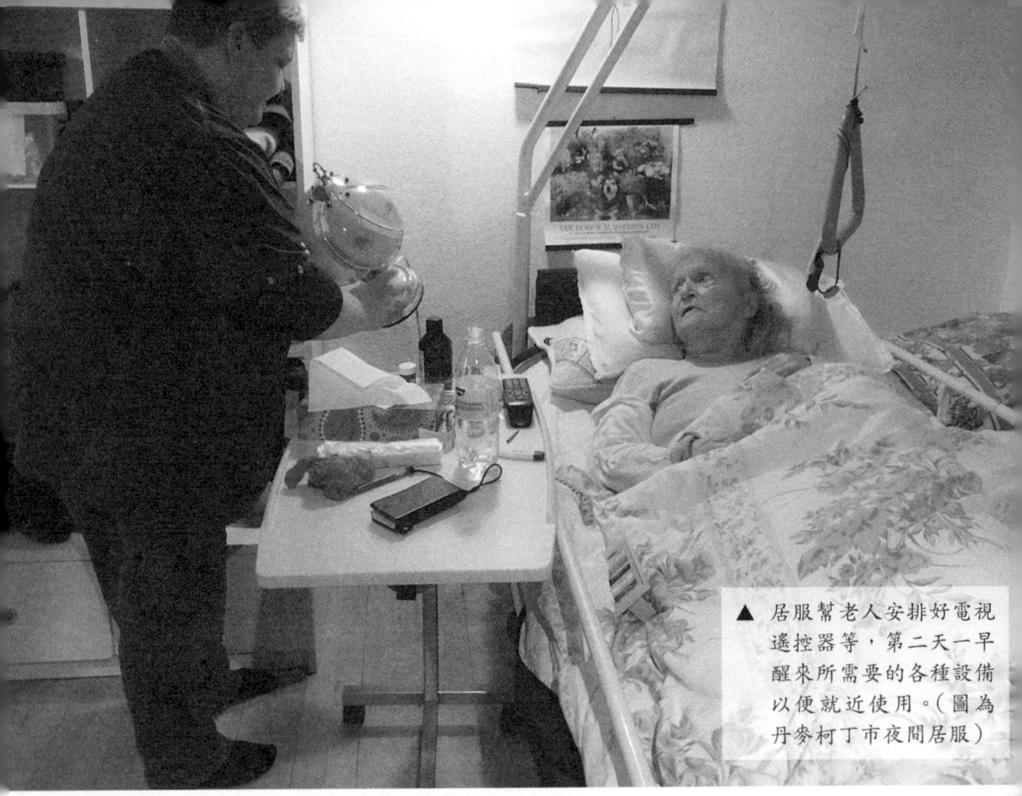

▲ 居服幫老人安排好電視遙控器等，第二天一早醒來所需要的各種設備以便就近使用。（圖為丹麥柯丁市夜間居服）

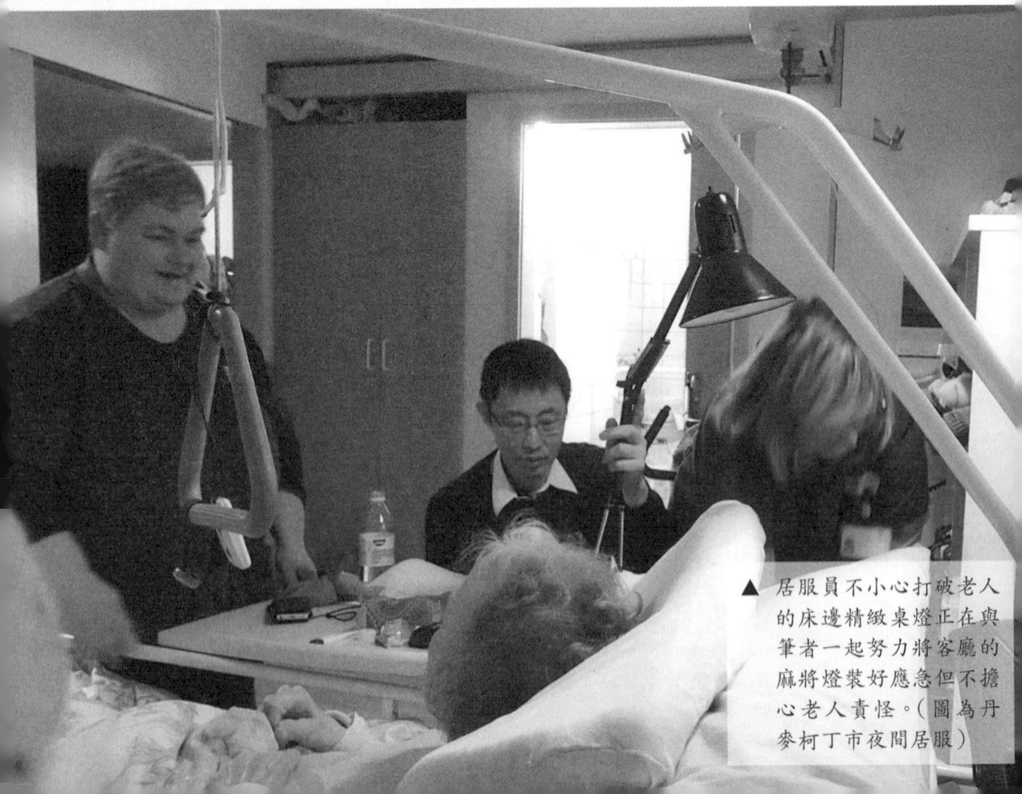

▲ 居服員不小心打破老人的床邊精緻桌燈正在與筆者一起努力將客廳的麻將燈裝好應急但不擔心老人責怪。（圖為丹麥柯丁市夜間居服）

灣麻將桌常用的夾桌角燈。但老太太床邊的小推桌太扁，撐不住，重心也和使用方向相反。萬一架了，半夜還可能摔壞。居服員看到我在一旁，雖是朋友，外國人，也是資源，邀我來試試怎麼辦。舊燈泡我也轉不動無法換，最後多拿些硬紙摺疊，夾在燈座空隙，終於將麻將燈夾架好，重心也對了，大家結束工作。

我問老太太才知道，八年前她開始用尿布，大便時若正好居服不在，也常以尿布進行。迄今仍能住在家裡，沒有太多尿道感染問題，顯示多班居服能支持服務品質。

另外，各國配合居服和客戶身心變化，都有評估的照顧管理專員，簡稱照專。以臺灣來說，一般照專評完約半年再來。在荷蘭，因照專與居服員合一，所以每週都看到客戶。我問這位丹麥老太太，她說八年來照專只來兩次。這對目前臺灣的概況來看，有點不可思議。她是否說錯？沒有。因為老太太還能清楚溝通，她能清楚表達現況，加上每天有居服，所以有什麼問題，聯繫管道很多。就醫資料有連線，照專、居服員很容易掌握現況。

失能要獨居，不容易。這麼樣失能還能樂在家中，就是教科書所說的尊嚴和生活品質。要是住在機構就不容易，環境也不一定這樣安靜。若照顧者訓練好素質夠，制度完善，加上客戶也理解自己對健康的責任，的確能成全更多真正獨立自主的生活。是真的延緩失能老化，而不是越照顧失能越快或問題越多。

臺灣目前老人快速增加，失能也增加，推社區化也勢在必行。迄今我們仍以日間居服為主，導致服務還有許多盲點，又想這樣就是完整照顧，當然會有段距離。只做白天一部分的結果是，晚間、夜間累積的問題有時候功虧一簣。加上我們的社區照顧，居服員調派，離就近動線照顧還有段距離，這都是未來要盡快思考改善。

除了制度，更重要的還有居服員素質。以上述過程，我們現在的居服員有的不願、不敢執行，有的堅持拒絕移位機器嫌麻煩。一人對一人，重複移位，雖然有教移位法，但真實情境還是容易累積受傷。如不改變，可以想見未來專業照顧者也有許多要提前成為客戶。這要靠起始的居服教育重新調整訓練觀念。

最後，是客戶本身的責任感和學習成為與居服員是夥伴關係。客戶能自己做的都自己做，也樂在如此。對於居服員提醒的配合措施能樂於配合。東方社會比較科層化、階級化，當高齡社會長照普及時，古舊文化也影響照顧互動。

縱觀以上，制度、照顧心智與技能訓練，有互信、平等、和善以待的照顧互動關係，才可能成全理想中的獨立自主最大化。

40 丹麥居服聽話時段

我的丹麥居服老師每年都會告訴我一些新的當地變動。說她是老師，其實她是老居服員，專門帶領居服員實習。近年她遇見我，一貫的微笑加上滿意的表情，告訴我新消息，說居家服務制度更新了，居服員到府把表定事情做完，還可以多陪老人半小時，算薪水、算服務時間。這半小時就是聽老人說話，或聊天。

這很值得高興嗎？這很新鮮嗎？這很重要嗎？這是制度的什麼重大突破嗎？經過這幾年，我慢慢體會這是多麼重要，難怪她興奮地告訴我。我要請她寬恕我反應這樣慢。因為從實際照顧經驗和新閱讀的書籍我才知道，聽老人說話對居家服務老人照顧是什麼意義。

英國有本書《Time to Care: How to Love Your Patients and Your Job》二〇一二年出版，有一篇章提醒夾心世代照顧父母時，留意聽老人說話非常重要。主動的聽，讓老人感覺到被注意，這是尊嚴。即使老人有些會想講相似的故事，尤其失智老人更可能重覆。我們要不要一直回應不是重點，重點在我們的態度，讓老人感覺到有人認真在聽他們說話。

我們照顧人，有時覺得做事重要，要坐下來就為了聽人說話，很困難。覺得浪費時間，覺得沒營養，覺得不知道怎麼因應。

有次我在花蓮實施從比利時老人護理照顧倫理尊嚴實驗室學來的訓練法，要居服員模擬照顧過的失能老人，來體驗長時間全然依賴別人的經驗。結束後討論，有位照服員說，她十年工作從不主動與老人互動，與老人說話，她僅短短的回應。因為她的前輩提醒她，千萬少和老人互動，免得被要求做更多雜事。經過訓練活動，她感覺到虧欠。因為她體會到別人做到一切事務性服務但不願正眼看她和傾聽互動的感受。這好像看到類似自己的同類，卻不用同類的語言方式互動。若老人一週只有這一次與人講話的機會，卻得不到有人聽，而這不想聽的人又在老人最近的私領域遊走，看似有關係的兩人卻在這麼近的距離沒關係，是多麼難受的疏離折磨。傾聽，是靈性得照顧，反之，不願意聽是什麼呢？

「沒有人聽我說話」是許多老人常見的抱怨，甚至傷心。《聖經》約伯記二十一章，這位生病受苦的老人對朋友呼喊說：「請認真聽我說話，這就是你給我的安慰」。有人聽，說的人就感覺到自己是重要的，是有價值的。在這一刻，自己比世界上任何人都重要！得到傾聽就是得到支持！即使說者的痛苦不是聽者可以解決的。

有時即使我們在工作，或者打毛線，或者擦地，或者清理廁所，甚至在幫老人換尿布、睡衣，若讓老人覺得有在聽他說話，也可得到更多信任和配合。

我在丹麥看夜間居服，不是與居服員同行，而是先到老人家裡拜訪。後來居服員提早來一下，先問候，看看有無要幫助的。如今回想，重要的不只睡前兩小時，居服員窩心的來看可以做什麼？更重要的是在居服員一進門，除了認真觀察，只開口幾句，然後就是看著老人聽他說話。現場可以感覺老人覺得不孤單的眼神。回答居服員什麼，好像也不是最重要的。

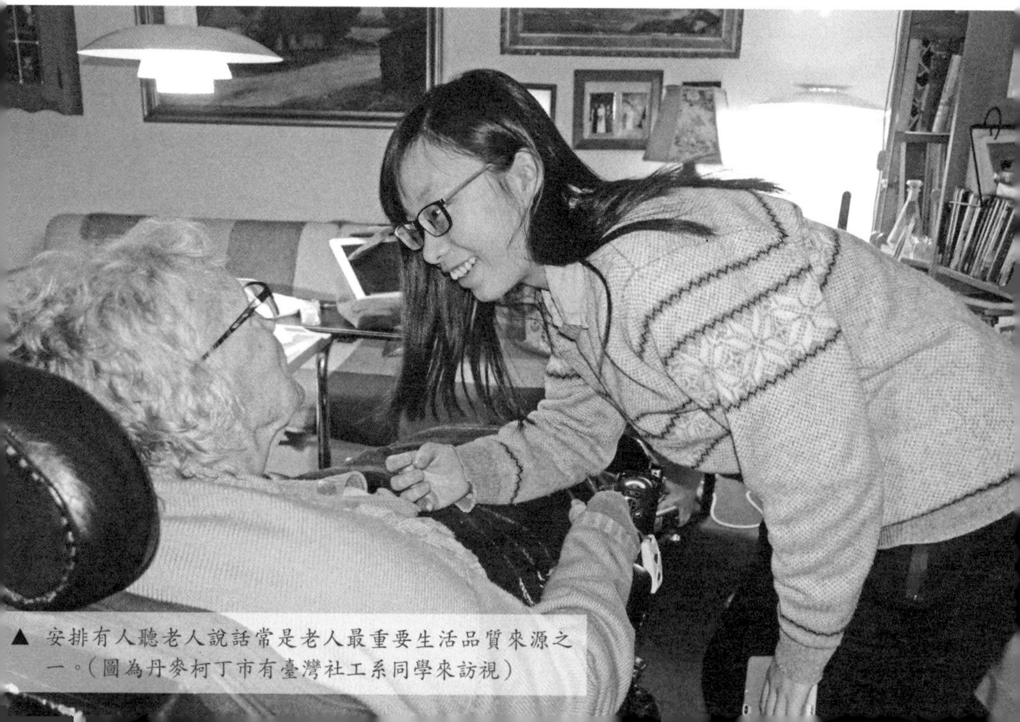

▲ 安排有人聽老人說話常是老人最重要生活品質來源之一。（圖為丹麥柯丁市有臺灣社工系同學來訪視）

有次一位挪威人問挪威牧師，「上帝創造亞當，覺得他獨居不好，就造夏娃。可是也許亞當覺得很好，上帝是否多事」？牧師回答說：「因為按照《聖經》的說法，人被創造在關係裡」。換言之，人需要關係，需要感覺到活在關係裡。而傾聽，是典型感覺到活在關係裡的感知方式。

另外，往往我們認真聽，會從長者這裡聽到重要的警告和生活智慧。《聖經》智慧書箴言第四章，以聰明聞名於世流傳於史的國王所羅門勉勵兒子，「要聽父親的話，可學智慧的道，引導行正直的路」。

丹麥居服老師自己從事居服工作三十年，她看過各樣老人，她知道老人在家裡看到居服員來，眼神、態度、動作，表現出願意聽老人說話，對老人是什麼意義。老人說起以前，就在複習自己的價值。有時，老人自己內心有困擾，不是居服員可以解決。可是也曾發生因為有人願意聽他說，老人就有活力內在自我對話，自己找到解決的想法。

其實成人教育學理來看，非常合理。成年人帶有生活經驗和省思能力，有自我對話的能力。許多成人學習是這樣發展知識。丹麥是世界近代成人教育始祖國。丹麥人發展成人教育，重視日常生活彼此對話（dialogue），帶有這樣的含意。丹麥的居家服務制度，把做完服務的居服員可坐下聽老人說話當一回事。這是小事？這是提升照顧品質的大事！而且不是花大錢買設備就能做的大事。

回想居服老師告訴我這制度變革的眼神，好像天使報佳音一樣。是的，這真是佳音。不只對老人，當老人快樂，照顧者當然也快樂，是多贏的佳音。

41 居家服務效能的根基——博祖克靈感

近來多次聽聞臺灣居家服務遇到照顧者之間意見不一，造成客戶不知如何是好，也對政府提供的服務產生疑慮。仔細觀察，似乎重複發生的關鍵有三：服務制度、組織科層和人員素質。這讓我想起前幾年在臺灣長照界引起熱烈討論的荷蘭博祖克居家服務，怎樣降低我們老是發生的困擾。這裡暫時不討論政府新的長照制度，而就後兩者分析。

我們現在的居家服務有長照中心負責評估需要。長照中心有照管專員和照管督導，照管專員評估客戶需求，如有爭議，再由照管督導出面協調。通常如果有爭議，只由督導來瞭解，少有他人一起討論的機會，有時會變成照專有專業評估，督導為息事寧人而調整成更不專業的內容的也有。關鍵在督導與照專互動處於不平等位階，能就專業論專業誠屬難得。

如果評核所需服務順利，交由居家服務事業單位接手。居家服務事業單位本身有居服員，還有居服督導。一位督導支持（和某種程度監督）好幾位居服員。如果居服員服務發生客訴等問題，則由居服督導到客戶家瞭解處理。

目前我們可以擔任照管專員的資格不只護理師，可是評估大量用到護理基本專業，這幫助評估者對各種身體功能視而有見，而不會沒有感覺。即使政府發展了繁複的表格，好像不是護理師也沒關係，只要照著問、照著填就可以。真是這樣容易嗎？而且很多新進照專的專業照顧資歷非常短，沒有辦法和客戶專業對話取得客戶信任。

我親眼看過正面的例子，說明為何應用護理師的意義。有次護理師背景的照專去初次訪視，看到老人尿袋高度不對，立即就地取材拿衣架來設計一個新的支撐架。她敢這樣做，並且很有自信的教導老人和家屬，正因為專業素養。這就已經降低老人的風險，這種覺察和處置，若非護理師怎能發生？說這個例子不是否定其他行業的專業，但要看照管專員的重責在哪裡？也就是人力資源管理說的職務描述。

我也看過很誇張因為分工過多造成的問題，例如居家護理師和居服員很少甚至毫無溝通，居服員素質不足而對現場所見問題，並沒有基本分辨反應的能力。以及目前居服員和居家護理師有的屬於不同單位，沒有機會互動，或者護理師看輕居服員，不相信居服員的意見。另外，居服督導因所學背景和資歷太淺，專業語言又與居家護理師不同，要共同研究客戶相當不易，有次甚至造成一位客戶足部發黑到需要截肢。按理說，這種問題不會一、兩天就可以出現，而是累積一段時間，相關照顧者沒有連貫和密切交流的機會。

評估這關本身已經不容易達到專業期待，而擬定服務轉交居服單位後，居服督導可能有意見，或者指揮執行服務時，對照專設計服務的理念不見得很瞭解，加上客戶有各種期待，後來可能客戶實際得到的，又和原先照專決定的不全一樣。甚至居服公司供應不出照專所開出的服務，但是也接手這客戶。這樣，客戶到底是不是得到期待的服務？是不是得到最有利維持獨立自主能力的服務？很有討論空間。

本來相似的問題也可能發生在荷蘭。但博祖克盡量起用資深護理師，其餘為訓練等級較低的護理師。這兩種人都是經過三年、四年的訓練，最少的也有兩年。絕對沒有我們這樣，學習一百小時上陣的。他們有自信和知識與客戶對話，甚至明確自許是客戶與醫師之間的橋樑。因為他們有足夠的醫療素養，轉達客戶的期待，也能轉達醫療專業術語為通俗溝通。

博祖克沒有像臺灣這樣，包含社工等各路人馬都可以來做失能評估。對照上面的流程，差別在博祖克一個分站所有評估者固然有先來後到投入服務，但比較維持平等互動，每個星期有一次同站所有評估者聚集開會，說明和討論各自評案的觀察與意見。這樣，若不夠專業，有許多同伴幫你看，給你更完整的意見，讓你得到專業支持。等到要去居家服務，也是剛才這群一起開會的人。他們從事相當於臺灣居服員和居家護理師的職責。由於同時負責評估又要掌握資源，還負責幫客戶開發資源，加上有專業素養，所以就維持健康延緩失能而言，到底怎樣能更整全的考慮客戶所有的、該有的、所缺的，然後由同一站的一群照顧者相互學習而擬定服務。他們也就沒有我們這種轉交另一單位，冒出意見不同的居服督導插手的問題，也不會有居服員不明白原始服務設計的問題，更不會變成客戶質疑怎麼照專、居督、居服三人看法不同的疑惑。換言之，客戶也不至於要面對好幾位服務單位的人，搞不清楚他們到底有什麼不同？誰說了算？

博祖克在臺灣造成風潮，因為聽說他們薪水高，聽說他們有先進評估系統，聽說……。經過一陣熱鬧後，臺灣許多專業工作者放下了博祖克，又繼續抱著好奇心去迎接其他不同國家的單位和故事。這樣一年又一年。為什麼少人繼續探討學習博祖克？最好的答案是國情不同、文化不同。真是如此嗎？也許有一部分是。全人照顧、醫養合一、延緩失能，為了發展制度要多一點耐心去研究，不是共同語言和長照的一致願景嗎？

臺灣短期之內的未來還會有長照中心與居服公司兩個系統。人員養成與進用方式好像也還沒打算積極改變，也還會存在部分溝通不夠專業又年輕等著受挫的居服督導們，以及部分頗難以平等互動就事論事的照管督導們。這樣的服務系統與流程，到底是因為不信任所有投入人的專業，還是有別的原因？真的有效能嗎？想想有形、無形成本是多少？

接下來還又創造新的個管員，以及失智個管師等多種新職務，看來專業服務者又多好幾種。他們受了什麼訓練？如何提升效率和互動品質？從服務制度、組織科層和人員素質來看，都很有改善空間。這些基礎一步步更新，才能承接更新的政策。

▲ 高素質高經營效能的長照人力，可以是照管專員兼居服員又是居護。（圖為荷蘭博祖克居服員聽客戶意見）

輔具互通更添價值

42 臺灣何時有「撒拉之手」式輔具中心？

聽聞國內有些縣市社福補助比較多，其輔具中心都是買新的，用壞一點就丟在那裡，然後再買新的。部分社福人員看了覺得浪費，但不曉得該怎麼和民眾溝通。

其實這種事並非第一回。這幾年來，臺灣發展長照有個弔詭的情況，一方面喊窮，另一方面又有許多地方一直不節制的花錢，多數社福團體和媒體接觸，以及媒體採訪都把焦點放在錢不夠。這種報導最得人心。但真相是什麼？我們臺灣真的很窮嗎？恐怕我們對輔具使用的理念和經營方式還有很多要改進之處。

世界各國都有輔具需求，因而用不同方式募集資源滿足需要。在以色列有個輔具流通系統稱「亞德撒拉」，中譯稱「撒拉之手」。撒拉在《聖經》是亞伯拉罕的妻子的名字。

這機構最早源自有人看到社區擠奶器用了就丟，覺得可惜，開始想有無可能回收整理交流使用。為了讓更多人省錢，後來這交流服務演變成不用花錢只付押金，但若使用者覺得滿意，在繳回輔具時也可以捐出押金。

就這樣一步步發展迄今，一年幫以色列省下一百四十億臺幣之多的輔具和醫療費用。環顧其經營，有幾個特色，延續迄今成為以色列的榮耀，聯合國秘書長都要去參觀的服務。

▼ 就近普及且互動親和力高的服務越來越重要。
（圖為以色列社區輔具服務的展示區，以便客戶學習選擇）

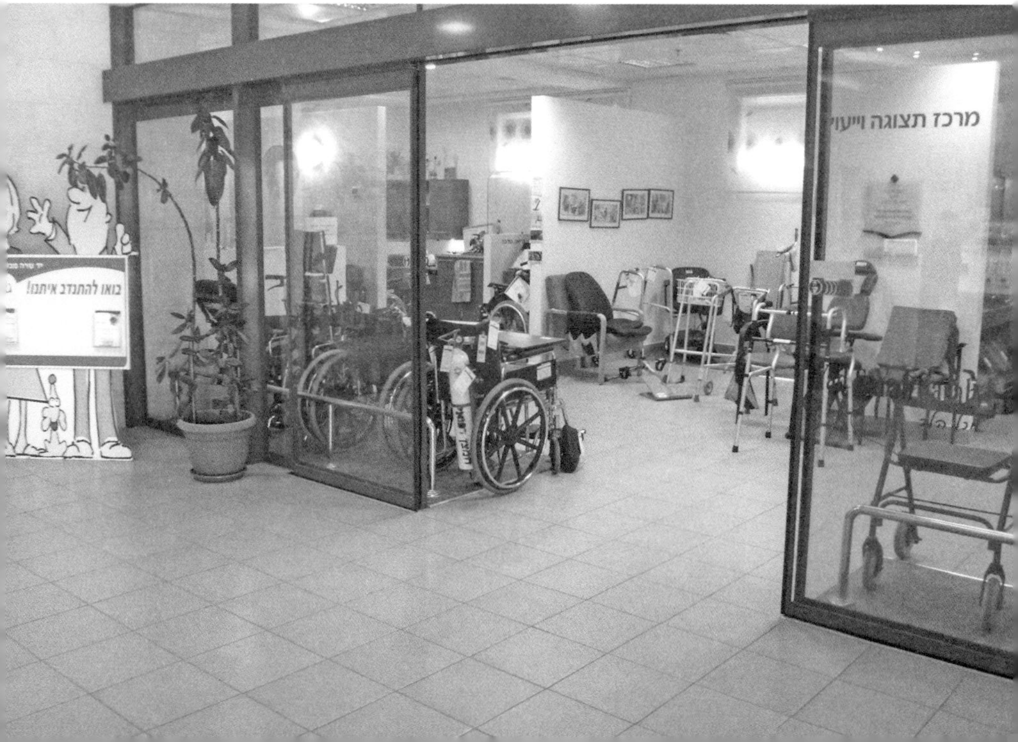

一、**服務理念：**讓輔具最大效能流通，讓更多人在不同地方享有。讓所有急需的人可以很快借到，借用以三個月為原則。但若長期要用，再展延一次或走正規福利系統去購買處理。

二、**服務流程：**用押金出借，櫃臺有志工專門負責教導使用，確定合用、能用才放行。歸還時，志工會盡量遊說，讓取押金者有感得到服務而考慮將押金捐出。這導致九成七經費自籌而不靠政府，幾乎全以色列社區都能得到服務，多數城市都有服務站。

三、**物流系統：**總部倉庫有三百種以上輔具，營業對象不只老人。在以色列有專屬貨車互通有無，甚至外國觀光客有需要者，可以事前登記，如旅館用信用卡押金，在機場就可取用。

四、**維修系統：**輔具送回後，請大批民眾當志工來維修，也有一些身心障給不多的薪水參與，退休教授、戰機飛行員、自閉症、工匠，什麼人都有。從事電子維修、木器製造、清洗消毒、條碼登錄等，還不斷研發新的維修服務方式。

五、**附屬服務：**有日間照顧中心、日間復健中心、疾病藥物諮詢、園藝復健、居家緊急呼叫等，這使一個資源中心能滿足多種需要。

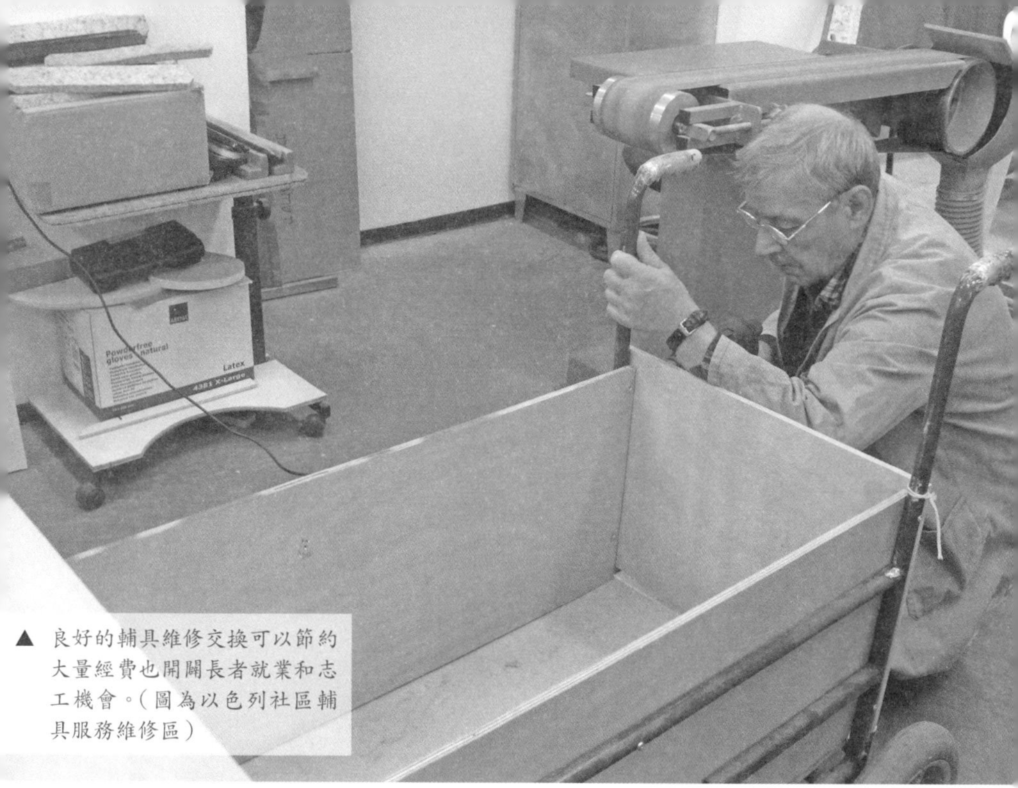

▲ 良好的輔具維修交換可以節約大量經費也開闢長者就業和志工機會。（圖為以色列社區輔具服務維修區）

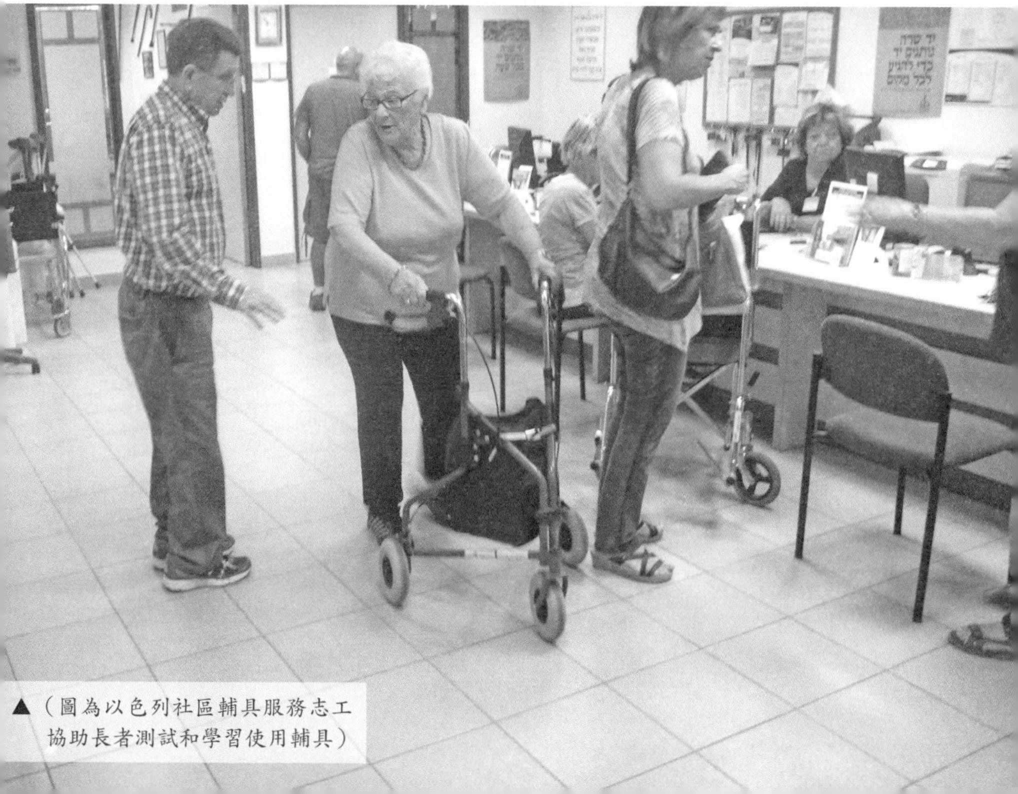

▲（圖為以色列社區輔具服務志工協助長者測試和學習使用輔具）

其實以上特色可能許多臺灣的輔具中心多多少少都有，就像過去許多學者專家喜歡說的：「我們也有，只不過……」。

臺灣輔具中心限於制度，器材相互交流還不多。撒拉之手是全國性機構，省去臺灣各縣市分散權責導致的行政費用和互通障礙。甚至教育界和社福界還有不同系統，不能互通，可能導致一人在不同學習生活環境必須兩邊都拿，也可能兩邊都有許多閒置物料。

撒拉之手又因服務很好，不只留住押金，還感動許多家屬自願來當志工，還有些高素質溝通能力者，如律師太太等這些不愁吃穿的人，願意坐鎮第一線櫃檯幫助機構壯大，也幫助人解決困難。

最近在臺灣與外島，聽到許多輔具大家拿政府補助去買，買的不一定合用。從醫院到社福單位到商家，為何有許多不合用途或花費高昂費用，或即使有押金也不繳回等各種困擾？也有臨終病人得到電子水床克服壓瘡，卻根本沒開電導致惡化，直到督導人員路過才發現。這些現象顯示，服務輸送還有許多可改善之處。

臺灣不大，有一天能有撒拉之手這樣的組織經營輔具，或許不足的長照經費能更有效運用，而民眾能更適切的得到服務。否則，如何延緩失能？如何解決困擾？

重建照服員的自我想像

43 照服員價值教育如何健全

這幾年，臺灣長照一個揮之不去的難處是照服員不足。說到不足，媒體下一句常是薪水不夠和被人瞧不起。如今薪資在改變，到底薪資要到多少才是普遍不再抱怨，成為足以肯定這行業的行情？這也許真可調查、討論看看。

然而管理學理與實際職場互動可見，薪水太低的確無就業吸引力，但只靠錢不能有效讓人感覺很有價值，尤其是薪水高一些，一人當作一人半甚至兩個人使用時。要感覺很有價值，社會對不同行業存在階級觀念是事實，但恐怕第一步是工作者自我形象要優先改變，再來是直接管理者的態度，最後才來討論外界以及被服務者的回饋影響。

談到自我形象，《聖經》有個故事，說摩西帶領以色列人離開埃及時，派十二位民眾到迦南地這個上帝應許給他們的好地方看看。結果多數探子回來報告說，土地是很好，但是看到許多巨人讓他們害怕。重點在接著他們說，自己覺得自己在巨人面前如同蚱蜢，而且認為巨人也覺得以色列人是蚱蜢。換言之，這群探子不但自認為有如蚱蜢，還自行決定別人怎麼看待他們一如蚱蜢。

許多時候我們覺得自己不夠好，尤其在華人傳統負面教育，一直被說這個不好那個不夠好，以致我們累積貶低自我形象的看法一路長大。不只當照服員，就算當醫師、總統，也還是在糾纏這種問題。當然，照服員工作非常辛苦，不但勞力，還比其他人更高頻率看到人生失落一面，的確經驗不少負面生活。

可是如果我們在投入照服工作前的訓練，能靜下心來整理一下這類內在問題，真的有課程去討論，或者透過某些學習活動，引導走出這種蚱蜢情結，將有助我們帶著更健康的心、強壯的靈，去迎接照服員工作。我們雖來自不同信仰，但是需要找到超越我們的力量，支持我們每天有活力迎接工作。這個能超越我們的永備電池是什麼？可以鼓勵學員追求分享。總比急著賺錢只學技術就衝進照顧職場，因人家幾句話，承擔自我形象問題而加重受傷的高風險好些。芬蘭、丹麥、挪威都有類似的學前諮詢和相關起始課程，更高階的還有大學的價值管理研究所。

再看直屬管理者的態度。我多次在臺灣各地見到長照機構與醫療院所管理者，他們當中不少人說，「照服員和清潔員教育程度低，都是社經階層比較低」等等之類的說明。其實在長照領域和急性醫療很不同，固然複雜醫療需要特別訓練，但許多例行照顧是累積經驗，願意認真學習的照服員可能在許多不好處理的問題有洞見，知道怎麼化解問題。與其共事的所謂專業人員某某師之類的，若因內心對照服員的地位素質成見而輕忽照服員的意見，往往會帶給被照顧者許多風險，這在安寧病房和居家服務都已實際發生。

再回到蚱蜢故事。那故事中，以色列人說巨人也這樣看他們，可是那是他們覺得。許多時候，我們覺得自己不好，其實別人看到我們很多能力和獨特之處。我們覺得自己不美麗，其實別人不這樣認為。若是基督徒，知道自己是上帝按著上帝的形象所造的，而且上帝無條件非常喜歡我們。這兩點就已經形成絕對的自我價值論述，不需要去考慮他人認為我們有沒有價值。

屏東曾有位護理師是家中老五，是女性。從出生就常被父母覺得是多餘的。直到她認識信仰，知道自己的價值不是建立在父母怎麼說，從此改變。在醫院夜間不斷幫一位肺炎

▲ 在進入職場前透過有效教學建立清楚健全價值觀，對照顧者與被照顧者都好。(圖為丹麥護理及照服員學校的價值教育課)

一直拉肚子弄髒床的乩童擦拭，感動這位病患，說自己一夜真被當人對待。

近來，不少照服員甚至護理師說，自己的價值不在薪水和上司怎麼樣說，而是看被照顧的客戶怎麼說。表面看有點道理，客戶回應當然要重視，但值得注意的是，客戶人人不同，客戶也不是永恆不變。將工作價值建立於客戶，那也有可能受傷。越能將價值建立於不受外在影響而有效能之處，就如磐石而非沙土，地基可以更穩。

我們不如北歐或西歐那些有基督教、天主教背景，極為重視平等和職業尊嚴的社會。我們更要敏感於怎樣讓長照從業人員有良好的預備性心理建設，或許這也可算職業心理災害預防吧！過去我們的照服員訓練很少有自我形象課程，甚至老師和學員一起同悲，這怎能培養內在強壯的長照戰士呢？

讓我們不要自認為是巨人前的蚱蜢，更不是認定巨人覺得我們就是蚱蜢。那十二位被摩西派去的多數有蚱蜢情結，只有兩位有信心的，後來承擔領袖重任，幫助以色列人走進應許美地。建立自我形象與自我價值，照服員更有能力，當然也更可以供應能力給失能的人。

44 確保樂趣的芬蘭長照原則

芬蘭有個安養機構不久前成功的改善照顧品質，也增加照顧者成就感。其中有個奧祕是，聘請教練來指導讓石頭能塞進瓶子的原則。這原則的意思是假設有個大瓶子，照顧者每天花去所有工作時間就如沙子塞滿瓶子。瓶子一旁有大石子，意味著老人覺得最重要的活動，一堆小石子則是照顧者不多花什麼力氣，只要願意，就可以給老人的一點點快樂。

教練說，通常大家覺得照顧很忙，所以沙子塞滿，不可能放石子進去。然而若照瓶子真正的空間來看，只要事前計畫好，其實大石子和小石子都是可以塞進瓶子的。這意味著，若事前規劃好照顧工作，有可能滿足老人需要，讓老人不只得到身體基本照顧，還能得到快樂和完成一些老人覺得在意的活動。

教練鼓勵照顧者，不要活在一種自己不斷告訴自己很忙的感覺中。要走出感覺，面對事實。究竟實際上時間是怎麼用掉的，許多看似飽和的共處照顧過程，有調整空間。一直處於自己告訴自己沒有，就更沒眼光看到其他可能。

學到以上原則，在花蓮與六十多位照服員相聚時，探討了這原則，加上角色扮演。有趣的是，還真激盪出火花，看見更多可能。

以一位資深照服員為例，他說某客戶喜歡吃水果。這對某客戶是非常重要的，但不一定每天有那麼多水果可以吃，使得照服員陷入負面思考。另一照服員開玩笑的說，那就拿水果月曆給客戶欣賞吧。大家笑了。一放鬆，有更多想法出現。另一位照服員說，可以拿水果鼓勵討論講以前的故事。是的，對許多老人，尤其務農的，真是有話題，而不是只有享受一直吃。

其實把握以上原則，未必要吃一大堆水果，而是每次去照顧要記得有吃水果這件事。總能給予這個經驗，或者並不是大量的水果，也不必或不宜這樣多。可從吃水果的過程增加樂趣。

記得前副總統謝東閔生前被炸斷手之後裝義肢，曾表達很在意的遺憾就是以前喜歡自己剝芒果皮吃芒果。這可看到，吃水果不只口感，還可能從吃之前就開始發生許多五官經驗。甚至聞到香味、自己切與剝、咬、味道、吞、擺盤，都是樂趣加值。

這個動腦會議，指出有老人在意吃水果，還有一位照服員舉一反三提出老人喜歡天天戴著橘紅色的帽子，因為這帽子是兒孫送的。也就是說，能天天戴這帽子，照前面的原則，就是她的大石子。幫她找來這帽子，或戴著要出門時，讚美她或她的孩子，這就是小石子。

由以上討論可見，的確大石頭、小石頭是可能置入每天照顧過程，增加老人遇見照服員的幸福感。

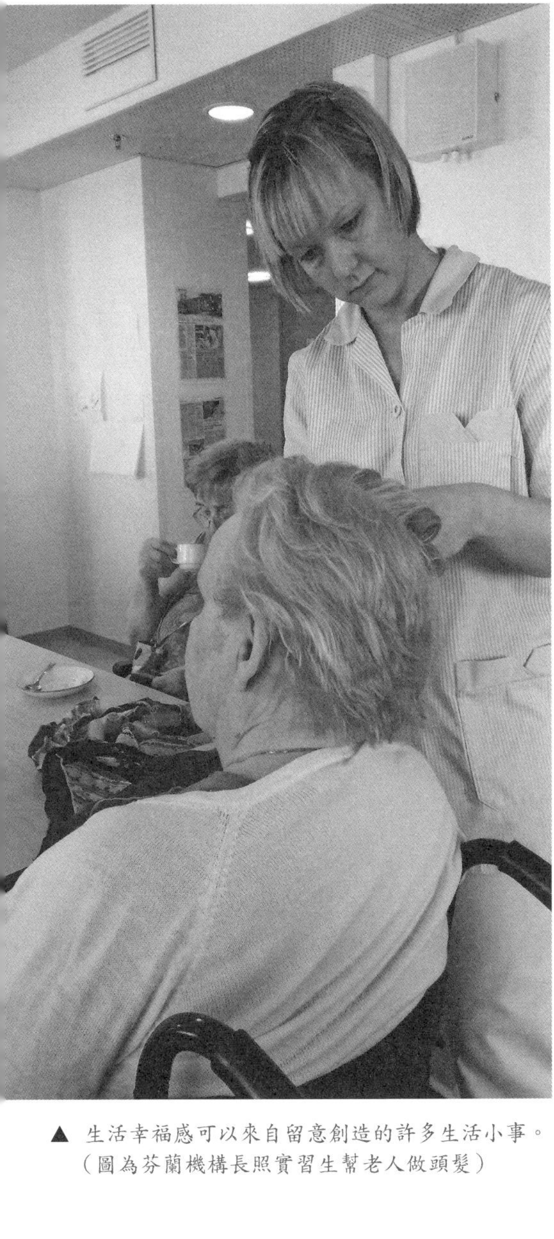

▲ 生活幸福感可以來自留意創造的許多生活小事。（圖為芬蘭機構長照實習生幫老人做頭髮）

在同一激盪會議中，也有照服員提到有的老人會一直抱怨罵人。但想到以上的原則和吃水果的例子，就知道其實若事前多瞭解每位老人的大小石子，在每次照顧前能預置對應元素來相遇，老人享受的時光多，當然衝突的機會相對少。開玩笑的說，哪有老人吃完水果或每吃一口享受，就繼續罵人的？即使有也是少數。

另一個照顧者值得注意的，就是即使有了大小石子的原則，還要記得人的處境天天不同，天天有可能改變。我們能提供的資源也不一定每日一樣，所以不斷觀察、理解、詢問是必要的。記得有位長者，先生很愛她。記得她喜歡吃釋迦，多年來每次有機會出差，都會帶兩個釋迦回來。有一天太太就說了，以前是喜歡，現在沒有那麼喜歡。這乍聽好像很挑剔，但人的期待是可能變化的。我們常問，就是一種尊重，帶來好的感覺。

如今臺灣長照一直陷在缺乏第一線人力。有個原因是工作辛苦而且一直有衝突，照顧者不一定知道怎麼化解。對某些自我形象低落的照顧者，客戶和家屬的責難，以及基本照顧外其他時間的孤獨無趣，都能讓照顧者產生更多壓力挫折。長期下來也多了憂鬱風險。若能記得以上原則，局面可以不同。

讓照顧者與被照顧者共處時，能有更多美好時光，讓老人對生活品質有期待，是新的照顧佈局，照顧者要更廣的看到照顧意涵。若能在新進照服員訓練，就落實這種觀念，可望改善現況。尤其許多人還沒當照服員，就相互說老人要改變，家屬要改變……，都是別人應該要改變。也許大家都要改變，或許先由自己開始，試試大小石子原則，看看有什麼不同再說吧！

▲ 合作有效的經營可以挪出以前覺得不存在的時間與人力服務長者。（圖為芬蘭機構照顧者調班後，有更多機會陪伴老人外出）

45 長照應發展保護照顧者

幾年前在丹麥，居服員老師介紹我他們工作特色時，提到因為乳癌和夜班關聯性的研究增加，大家認識到夜班對女性荷爾蒙分泌異常的影響，後來醫院和長照單位都開始調整上班規定。

醫院限制一週夜班總時間最多兩天，或上夜班後隔天是休假，而且建議是早、晚、夜，夜、晚、早的方式輪。長照單位有常態夜班者做七天休七天的。因為病人一條命重要，照顧者也一樣重要。

接著，老師又帶我實習居服。一到客戶家，翻掃具箱給我看，展示掃把上刻有哥本哈根市政府圖案。原來，這是可以伸縮的掃把。因為每位居服員身高不同，為了確保居服員工作減少受傷，所以工具可以按不同使用者調整。

後來健康中心主管帶我參觀居服和居護辦公室時，特別微笑在這一站停留，很自豪的介紹工會辦公室，好像介紹國寶一樣的表情。因為工會負責談判薪水福利和勞動條件。多年來，歷經新的工作處境還爭取職業安全，所以才有上班方式和工作工具的更新。

在臺灣，過去已傳誦芬蘭手機廣告標語說「科技始於人性」。其實，許多照顧都始於人性。我們這裡一談到工會，容易想起抗爭、罷工、給老闆惹麻煩等等負面印象。其實，成熟的民主國家，工會可以發展健全，至少走向全觀的促進勞動福利與勞動條件，兩者組合成基本勞動價值，不是只有搶加薪。因為只有薪水增加，實際上還有許多關係健康與幸福感和安全的事情值得注意。

人口五百萬的丹麥、芬蘭、挪威以及人口數多些的瑞典，都很重視以上工作環境的考慮，荷蘭也規定辦公室員工桌椅一定要靠窗邊等等。他們非常看重人的價值，因為人被看重，照顧人的工作才知道什麼叫看重別人，才能可長可久，不會變成年輕拿命換錢，老了拿錢買命。

近來我屢屢看到我們醫療院所因政府規範更新專業證照要求，護理人員等要去在職進修。經常可見大夜班下班直接趕場簽到，有時主管還稱許他們眼睛睜好大，精神好。也說以前也是這樣，或者說，這沒辦法改變。事實上我多次看到許多人撐不住。

記得採訪大地震遇見重大災害調度的醫師告訴我，他最怕媒體報導縣市長不眠不休幾天坐鎮。因為醫學知識顯示，太久不休息，人的神智與喝醉酒差不多，這怎麼做正確決定？同樣道理，醫護人員或長照人員，不論夜間居服還是機構大夜班，如果忽略員工健康，也可能導致照顧失誤和員工疾病。這樣多賺錢又如何？

北歐員工保護故事很多。像新進長照人員入學考，有四種體能檢測，由物理治療師來觀察，這在保護照顧者也保護客戶。

我們長照發展迄今，許多心思花在快快找政績，於是有加薪等熱門議題。民眾在乎加薪，但不一定理解各種工作不顧健康的後果，或全無基本病識感，這導致許多人出事才知嚴重。所以政府與職業安全專家真的要協助，或者要有更健全的工會，監控發展更保護勞工的制度。重視這些問題，長照才可長久，不重視，更多人提早成為被照顧行列。到底臺灣現實環境裡的長照工作者，有哪些職業風險？有哪些迫切要改善？透過什麼機制與組織來推動？還需大家一起努力。

▼ 老年照顧者越來越多，更顯出照顧者保護日益重要。
（圖為高雄醫學大學牙醫教授訪視老人後由家屬扶起來）

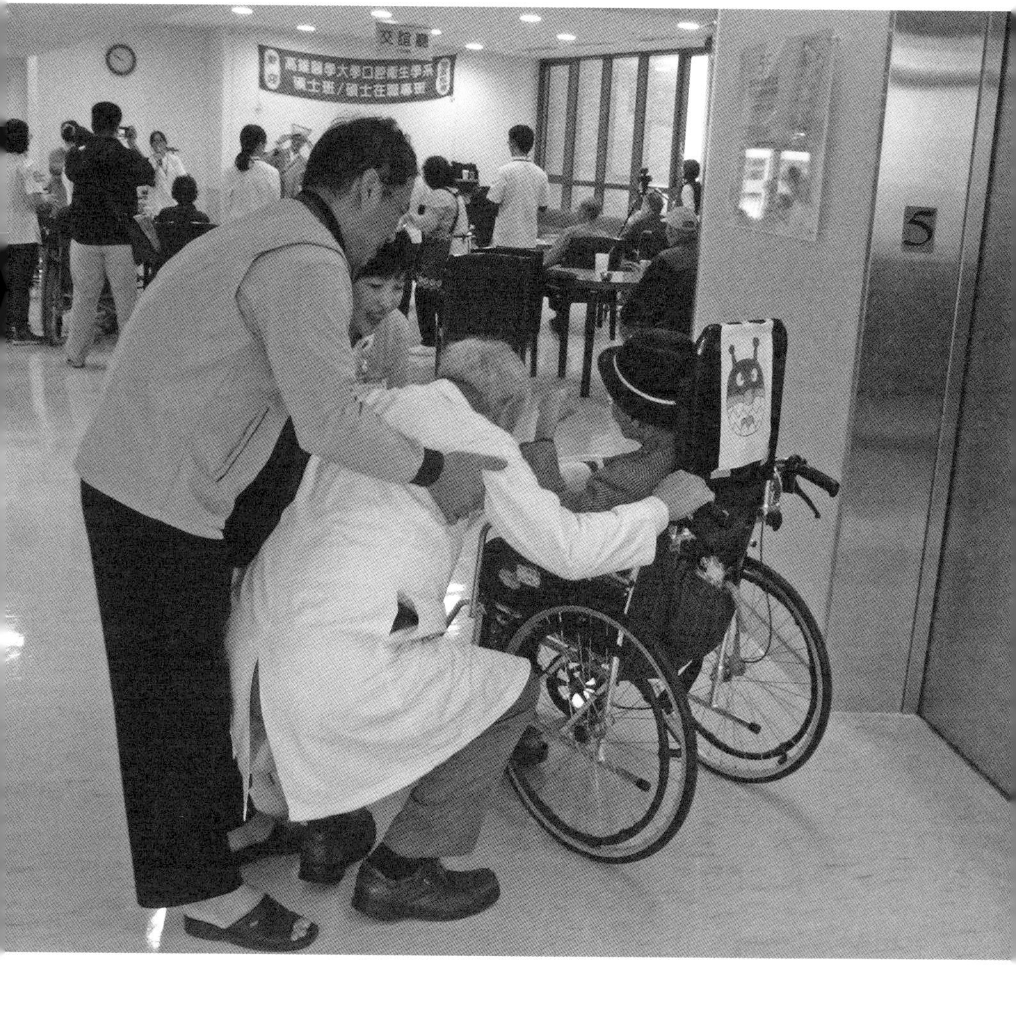

46 優質照顧取決在小事忠心

《聖經》有句話說「人在最小的事上忠心，在大事上也忠心；在最小的事上不義，在大事上也不義」。不管讀者信哪種宗教，大概不難理解這道理。其實觀察臺灣不退燒的議題——長期照顧，這話有很多省思空間。

十多年前，有次我到芬蘭Tampere一個安養機構拜訪，正好是中午用餐後。工作人員陪同我路過餐廳，我看到清潔人員將所有座椅反過來放在桌上，除了掃地，又把那些椅子的四支腳用抹布加清潔劑一個個仔細擦拭。我問陪同者，今日是新年大掃除或定期大清掃嗎？她說天天如此，我有點吃驚，因為當時的我是不常這樣清理環境的。我好奇要是天天都這樣整理，那得花多少時間？但陪同者說就是這樣。甚至反而好奇這有什麼。

又隔一、兩年在同一城市，看到他們進行聯合感控教育訓練，才知道這些都是非常基本的。大家知道每天做什麼以及什麼叫做好。難怪一位來自芬蘭在臺灣工作三十年的護理師曾用閩南語告訴我，「我沒有要誇獎自己的國家，但我們國家總是非常清潔的」。

在臺灣一個非常重要的醫學中心，我親見清潔人員戴手套進肺病隔離病房收垃圾又用同一手套去開另一間單人房的門禁去工作。基層人員如何工作，可以左右無數代價的苦心醫療。後來我告訴護理部副主任，他說，他們有時也在想，外包的人薪水低，能要求到什麼程度？

在臺灣另一個醫學中心病房。換病人就會換床單。這是應該的，也做到了。至於是不是燙得平整姑且不說。不料剛換的，鄰床一位病人身旁的照服員累了，連鞋子一起把腳翹到這新床單上。來來去去幾位護理師沒有人去指正並貫徹改變。為什麼？不同醫院有護理長猜怕得罪照服員，有督導猜可能太忙，有主責病安研究的副主任猜可能大家很熟而不好意思說。後來我在丹麥請教一位負責教育訓練的退休護理師，她說，基本上這在丹麥被發現就立刻解雇了，而且還在當班，就根本不應該有太累，更不能在病床翹腳的態度和想法。真太累就不應當班，要當班，就必須預備好，確保自己在最好狀態，因為這是照顧工作。但她也說，真要處理，可以請照服員到病房外勸說。

由於我偶而會到他國學習照顧，國內有些學術或官方單位偶而會要解說所見。有時發生一種狀況，聽的人聽完說，「那有什麼了不起，我們臺灣也有」，似乎沒有太多意願去詢問細節。更有一種回應是，「那有什麼了不起，我們臺灣也有，只是……」，意思是事情我們也有做，相似的設備我們也有買，只是沒有那麼精細的處理使用等等。我常想，不是用走路而是用交通工具去一個地方，可以說用交通工具，是單車還是飛機當然差很多，這也可以說「那有什麼了不起，我們臺灣也有，只是……」。

某天到榮民之家參觀防詐騙宣導。主辦者在大禮堂播放卡通影片，數百位老先生坐在那裡。那影片是年輕人和老人的對話，目的是辨識詐騙電話。我發覺影片對話速度非常快。也許是希望熱鬧吸引人。可是有沒有想過，平均八十六歲，還有七位一百歲以上，而且有許多重聽的老先生，怎樣吸收、瞭解到底宣導說了什麼？又怎樣去應用呢？這也可以說，「我們也有做宣導」或「我們也有，只不過速度很快……」。大家都花了時間心力，甚至跨縣市來辦，但意義何在？這種「那沒什麼」，或「只不過」的態度和現象不少。

同一榮民之家，我觀察廁所，每個小便池旁有紅色繩線的呼叫鈴拉繩。也就是如果在廁所不舒服可以緊急喊人求救。但仔細看，這些拉繩的長度和懸掛的高度，必須使用者完全直直站立才可能用得上。若是坐在地上或摔倒，是完全搆不到的。我們有沒有安裝緊急呼叫設施呢？有！國外有，我們的確也有。可是是這樣安裝的。七百位老人出入的地方如此，真希望它是特例。臺灣目前評鑑也重視這些設施，這榮家也會經過評鑑。但又是相似句型「我們也有評鑑，只是……」，這還是大大掛牌的高齡友善認證照顧機構。

就在訪視這裡前幾天，我在奧地利機場的殘障廁所看到同類拉繩，不但有，而且不只一條。若人倒在地上，可以從不同方向、距離都搆得到。這是因為奧地利在放置拉繩的時候，有去想過，人可能怎麼用、在什麼位置用。所以不只是要有，而是有效的裝設。走過奧地利、瑞士、荷蘭、芬蘭、挪威、丹麥，幾乎都是一樣。有次看到荷蘭社區老人活動中心的廁所也是如此，當地朋友就說：「這是基本規格，每個地方都是如此啊」！

各國為了確保照顧品質，重視教育訓練。荷蘭、臺灣都如此，護理師被要求的小時數也相近。的確，「那有什麼了不起，我們臺灣也有」。然而「那有什麼了不起，我們臺灣也有，只是……」。人家非常重視按著從業者的期待來設計，我們許多是單次訓練，簽到重要，甚至多數人在睡覺或滑手機看遊戲軟體。

有次參加醫院辦的人體實驗審查講習。看起來沒幾個人來，不料快結束，來一群醫師簽到答考題，然後鳥獸散。這樣會增加人體實驗審查的素養嗎？後來在一個會議提出建議改進講習方式，主持醫師微笑說，「這些我們都瞭解」，沒有具體改變的意思。到底是制度讓醫師太忙？還是講習老調重彈讓醫師覺得來了也沒有長進，所以才應付？

「人在最小的事上忠心，在大事上也忠心；在最小的事上不義，在大事上也不義」，若放在現代化照顧服務來看，其實許多小事成就大事，每天例行的事組合就構成整個照顧圖像和品質。至於所謂「不義」，可能來自專業知識不足，可能來自制度影響，也可能來自態度，甚至品德。

一年又一年，我們的學者、專家去國外考察，在國內辦講習。一年又一年，「那有什麼了不起，我們臺灣也有」，「那有什麼了不起，我們臺灣也有，只是⋯⋯」。這是我們急功近利的教育使然？還是我們的工作文化使然？還是生命態度使然？

至少，若一個機構組織的每個部門能常常，或有機會，以這句《聖經》的話來當學習座右銘，省思一番哪些小事會發生有做與有沒有做到好的差別，或能夠發展核心價值演繹落實訓練來內化態度，形成工作文化。這樣，大量投資經費人力，總才能繼續如預期效果的推進照顧品質，少一點「怎麼會這樣」！

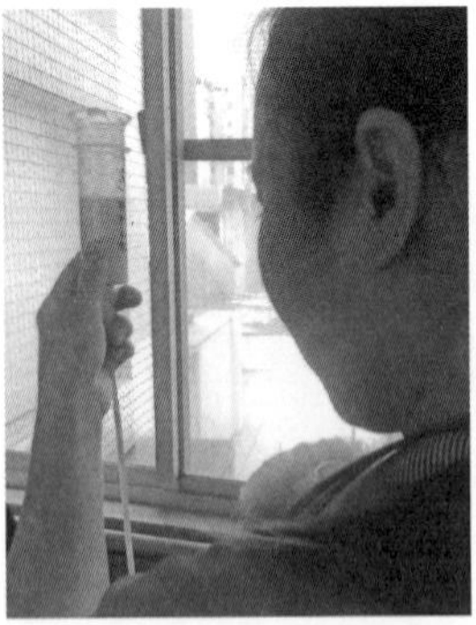

▲ 管灌求快速，若幾分鐘500 cc以上，往往讓老人難受卻不一定有機會說出來。（圖為機構照服員管灌臥床者）

47 長照留住年輕人的北歐經驗

二〇一八年開始臺灣長照政策許多變革，包含包裹給付、跨專業領域整合型延緩失能，或稱復能計畫，還有失智共照。一般討論對誰分到多少費用，和誰可以決定費用著墨已多。但一個非常關乎政策品質的問題討論卻還相對有限，就是人才培養。尤其照服員，因為不管任何專業師跨域合作，都需要第一線照服員配合。可是照服員訓練還是一百小時左右，很難與各專業師有語言交集。而且在地方政府多次聯合會議，陸續傳出各地有些照服員拒絕配合，因為怕出事、怕負責任，厭煩與家屬溝通。如果照服員繼續處於養成不足，又欠缺制度支持，要怎樣符合客戶期待呢？

同時，臺灣仍在大量進用外籍看護，因為本地人才不足，或投入意願不高。目前全臺有許多長照相關科系所，幾乎以發展長照為名申請設立不難通過。可是畢業後真正投入的還是有限，浪費教育資源，也浪費青年人生。如果後繼無人，短期民眾感受到服務不如期待，長期很難確保政策穩定發展。是故，人才培育，能有更多年輕新血加入迫切重要。

一部分學者和社會觀感認為，相關科系青年不投入，是因為薪水，是因為職業社會形象，因為想當管理職而不想當照顧者，或者承受不了壓力云云。這些說法可能有個盲點，就是認為問題都在學生。然而，不應忽略的是，我們是怎樣培養人的？我們現在招生受限學校要生存，過濾寬鬆。教學規劃承襲護理、社工固然有其優點，但教學法仍有許多單向講授，僅輔以若干影片降低學習無趣感。但是是否真的帶給學生好的感受？習得自信和自尊？是否啟發思考倫理價值？是否幫助連結知識、創造知識的素養？是否有單獨一人進入社區的勇氣和與他人合作的能力？是否知道如何跨越年齡鴻溝，與老人取得互信和溝通交集？

一百小時照服員訓練固然太弱，若一個技職以四年培養，實在不短，但其中究竟學生經歷怎樣的學習經驗？這些必須嚴肅以待。以下對應舉一點北歐的例子參考。

首先，入學前，以芬蘭為例，有心理測驗、筆試、面談、體能測試。心理測驗看邏輯能力，因為永遠都可能碰到教科書沒教的問題。面談最重要，因為過濾態度價值。但體能也不能輕忽，因為有些人有宿疾，因想工作投入長照，對自己和客戶都是風險。我曾於國內依長照科系用一樣的測試，發現部分同學連聽清楚和聽懂操作都有困難，還有些上肢下肢一動才看到無法持續執行動作。這樣畢業若都投入還真是要注意。

再來是入學後，有學習諮詢。例如丹麥有十六歲學生擔心代溝，老師引導豁然開朗，因為手球是當地共同話題。又如學生個人生活處境，如何能兼顧學業，根據以往學習經驗，安排適當學習步調和課程內容。

再來是學制。芬蘭、丹麥不管青年就學還是成人投入照顧業，都是兩年以上學習。大致上第一年是醫療照顧共同課程，第二年可分老人照顧、口衛助理、身心障助理、幼兒照顧、復健助理、急診助理等。大家有共同素養也有意願選擇，未來轉換也不非常難，因為基礎相似。畢業後可以繼續銜接護理，但並非一定以此表示地位或脫離苦海。因為照服員專業足夠而薪水也不很低，以基礎生活滿足而言，可以安居工作。這種學制同時為社會預備許多人才，而非只限長照和面對老人。因社區照顧需求與挑戰增加，目前各國都已經將照服員訓練提升到助理護士等級。

因為科技進步，更多課程採混成學習，學生不必花大量時間在教室單向學習。有精緻的數位階段學習與自我測試，在生活中掌握個別步調彈性專注學習，以便面對面學習前達到共同基礎理解，進一步讓老師帶領技術與討論課程。

再就實習制度而言，丹麥、芬蘭每個模組課有實習，驗證學生自我學習和整合所學產生對策的能力。挪威更看重青年的發展特性，日照中心等地方刻意佈置實習生休息室，希望給他們對行業的好印象，也感覺到什麼叫做被照顧。實習方式，開學六週後陸續進入職場實習。第一年專業還在養成，不期待複雜照顧，而是先到職場，可以選自己喜歡又不影響老人風險的職務，如備餐或其他事務等都可以。目的是取得機會瞭解職場，與人溝通，看到好榜樣，反思自己的興趣和將來更進一步的專業。第一年來職場時間少，上課時間多，第二年調整，最後則多半在職場。第三年可以工讀，有收入、有成就。這些職場體驗，都要定期返校報告，是一人在三位老師面前簡報，很緊張慎重。但也因一直有職場最新經驗，學習動機強，也能發問，促使老師也受惠。

曾有人問他國照服學校的學生來源，以北歐新移民多的丹麥為例，事實上與臺灣相似，一樣許多人為求餬口或謀職不易來此，自我形象不一定很好，生活背景也有複雜或價值扭曲者。但丹麥老師很有信心勇氣的說，進來前有許多問題，重要的是在學習歷程與學習環境，重新塑造人，讓許多人畢業時成為專業工作者，若說是提升公民素養也不為過。

▲ 本於理念調整照顧方式能降低負荷也激勵老人。（圖為芬蘭安養機構照服員一起陪老人活動）

▲ 營造愉快的活動使老人和護理師及實習生同時得到美好的互動經驗。（圖為挪威史塔萬格市安養機構上午十點舞會）

由上來看，怎麼招募、學習、實習，一環環在在看到培養人的理念和科學。在北歐，投入長照有年輕人，也有轉業者。有基礎素養，則不易輕易受挫退出職場。照服員、護理師也是缺，但照顧品質落差較小，更重要的是，如聯合復能之類的新一代政策不難承接。無自卑感，和其他專業者能成團隊。能將第一線經驗分享轉化，成為最真實的創新來源。挪威新版的失智照顧手冊正是這樣發展而來。

臺灣因選舉和社會需求而政策急推，近年不論照管專員、失智個管師，還有跨域復能，都是滾動修正，已經讓服務品質穩定性降低。可是照服員養成卻幾乎不動如山，雖有若干彈性開放，如自訓或調整小時數。但大學和成人照服班，招募、諮詢、教學、實習等許多環節進步仍有限。有的實習形同形式，甚至未完成所有技術測試也拿證書。這樣一入職場，部分人員容易被護理師輕視而有口角傷害不難理解。這些並非無法改進。就像施政者面對下水道工程，不容易表面討好，卻是非常重要的基礎建設一樣，代代取巧則民眾生活品質終究難以提升。勿在僅以文化國情不同解釋，我們長照品質的基礎，教育訓練制度，有待更多重視。

48 更完備的照服員養成

一、發展回顧

從醫院護理減少全護護理開始，我國有許多病房有了看護。看護多數是臨時工作，工時長來換取薪水，實際上素質不一，要用助理護士或護佐視之，恐還不及。即使累積經驗，但因原始養成有限，充其量只能說是個人生活照顧助理。

後來隨長照機構增加，政府要求品質，加上社區化與居家照顧，而有照服員與居服員這種工作。政府協同民間組織開辦訓練，訓練理念與內容，初期由護理前輩協助設計。因為這種工作被認為是低於護理師職能的照顧者，但又高於純生活事務協助者。訓練以一百小時，一半課堂一半實習為之。因居服需求，這實習也安排一點點居家實習。除了發給證書，後來還增加照服員單一級證照考試。實質上以短時間測試技能為主，來確認素質和能力，缺乏樹立健全價值觀和獨立處理不確定問題、整合資源、支持被照顧者的能力。

政府考量許多人要就業，加上希望快快補充人力，又對長照理解不足而將之與其他短期訓練、職業訓練班等同視之，所以養成時間短，加上承辦單位參差不齊，甚至為湊足人數開班而有各種亂象。就參與學員背景看，也有本來就不打算以此為職的人也可參加，有特定照顧需求而無意謀職需求的家屬也參加。結果每班人數多，加上任課教師並無教學法養成，其訓練被社會抱以期待，實際上完訓者卻難以和師級照顧者對話融為團隊，在社會的專業形象也有限。所以儘管各界有爭取提升待遇才能留住人才之聲，甚至將人力不足歸因薪水與社會形象。以目前情形來看，恐怕就算增倍薪水或許留住一點人，卻無助降低照顧衝突和增進照顧品質。因為原始素質和法規，使其服務能量有一定極限。

同時，許多大學看到人口老化而發展老人照顧科系。老照系限制定位服務對象，其實身心障甚至精障也是長照，而且餘命可能更長。老照系畢業與其他大學生同為學士，但又被護理科系與社工科系界定為不夠護理專業和社工專業的另一種族群。他們修課時間遠超過一百小時成人照服員班，也被期待成為管理人員。實際上許多學府仍循舊思維，聘用大量護理老師且無教學法養成者來擔任師資，而且學校因生存廣開招生之門，體能、心智難以慎重把關，故究竟能培養何種社會接納，職場區隔清楚的專業工作者，仍有疑問。

在以上背景下，臺灣引進外籍看護，以數百億支出，供應仲介與外籍看護。但素質一樣不足，還有語言、文化問題。表面看省錢又容易支配，實際上潛藏因素質而帶來的風險與醫療、社會成本很可觀。與全面延緩失能的高齡化國家永續生存理想之道相距甚遠。也有人主張照服員要分級，但考量照服員本身執業範圍，如何分級能精確區隔而且符合市場就業實務生態，恐要再研究。另一種方式是，體制調整為有基礎一年基本助理醫療人員養成，再按個人興趣接續第二階段分科養成，如復健、口腔、精神科、急診、老年、幼兒等專長訓練，亦可考慮。而且未來有職業倦怠的轉行更方便。

▲ 確認照顧者有安全執行服務的體能，是招募長照人員要考慮的。（圖為芬蘭照服員班由物理治療師測試考生體能）

如今展望社會趨勢，醫療科技進步，健保與長照制度不斷變革，醫院本身護理人員不足，社區化照顧更頻繁，更多人離開醫院住家裡，身心障與老人生活期待更高，失智快速增加，總體勞動力繼續下降，新一代照服員會被要求更高素質才能承擔新環境服務職責。

二、未來規劃

以上現況早已引起各界議論，因此政府曾委託老人福利聯盟等單位從事照服員訓練改進研究。長達三年以上摸索，結案送回政府，以擴增承辦彈性建言，但仍以一百小時上下為原則，養成之不足，以在職進修逐年補充。可是嚴肅的問題是，擴增彈性是更大空間，不表示素質確保和穩定，仍在繼續複製過去培訓方式。因此，仍難邁向有效與其他專業照顧師緊密協同來提升照顧品質，甚至連照護或照顧，都各有堅持爭論不休。

未來要與時俱進增進長照品質，最常與被照顧者接觸的第一線照服人員當然要重視改善素質。該如何著手？有以下思考層面和程序：

（一）職務期待：到底照服員業務職掌為何？不能再如抽痰這些事私下可做，但訓練不足所以法規不准。也不可只在抽痰一事爭可否，而是今後到底對照服員在醫院、機構、日間照顧、居家服務（含夜間）、家庭托顧與其他場域（如身心障、精障）的職責要界定。甚至要界定什麼工作可以一人從事，什麼工作要兩人為之。

（二）**主責機構：**過去有民間組織承辦，有政府職訓中心承辦，也有大學相關科系承辦。為求品質穩定紮實，應考慮縮為兩個承辦管道，一為官方成人職訓中心，另一為技職學府。養成來源單純化，確保一致基礎素質和發展潛力。

（三）**師資養成：**教師全面施以教學法，尤其成人教育教學法，以確保備課認知和教學經營品質，能因應不同學歷背景和學習困難的學員。而且擅長成人教育教學法，能以多樣彈性方式確保學習發生，以避免流於形式或未能針對實際職場能力而教。

（四）**課程編定：**過去照服員以技能訓練為主。由於照顧工作多樣化，技能能否發揮，根基於態度理念。故未來宜增加價值理念養成（如認識老年、專業精神、溝通素養），學習能力提升（找問題答案、整合判斷、開發資源、跨職合作），輔以基礎技能（熟悉流程、擅長工具、辨識安全感控），如此方能增強獨立面對問題和協同照顧與支持被照顧者之素養。

（五）**招募對象：**單純以有意從事專職照服員者成班。年齡為十六歲國中基礎教育學歷以上，年齡無上限，歡迎離職照顧者重返職場，將經驗轉為價值服務別人，也歡迎高齡再就業者投入。視服務性質與服務對象安排未來服務場域。至於因家屬照顧需求而想學習者，盡量以公衛護理師、照管專員和醫院諮詢等其他方式協助，逐年減少家屬獨力或主要承擔照顧之現況。外籍看護如有必要，宜以職前班接軌本國班，確保投入照顧者語言與專業素養更接近。

（六）**招募方式：**為確保職安與被照顧者安全，宜有更專業而非流於形式甚至不知為何而測之入學考試。未來改以心理測驗、專屬體能反應測試、面談等過濾入學人員，以免求數量造成大量不適合者混雜，浪費教學投資。若有未達標準者，視差距輔導其他相關工作或協助支持補強以達要求。

（七）**學習資源：**既然承辦，就要提供充足設備，包含適合一般教室、現代化模擬教室、教學器材、高水準互動線上課前預習教材、精美專業啟發色彩濃的教科書與學習資料庫、配合實習之社區照顧和機構照顧處所、如必要還可有配合學習之專業演員等。

（八）**訓練方式：**新進訓練總時間，必須大幅調整為至少一年半以上到兩年。考量成人學習特性，建議入學一週後即漸進搭配實習內容、時間、場所、服務對象，增進學習動機，增加支持市場服務能量。課程本身亦啟用混成學習模式，讓有限面對面小時數發揮比以往單向教學更大效果。確保面對面教學前，學員已對授課主題具備一致基本理解和學習動機。考慮學員經濟需求，以入學即發給等同基本家庭照顧生活需求之助學金支持，也就是求學如上班之契約承諾。

▲ 良好的教學法讓學員有感有省思。（圖為護理師陳筱蓉在臺東聖母醫院居家服務幫助居服員學習當指導員）

（九）測試評估：落實技能測試信效度而非流於形式，且將測試分散於各主題模組課程之後，根據職場服務，側重知識整合應用能力。由主責教學機構輪流派出合格總評老師，與實習主責老師和學員本人，以平等客觀方式進行最後評量。確保學員在學習過程陸續具備獨立操作服務、具備改進服務創意等能力，與專業態度、專業溝通素養，明確瞭解執行業務範圍與分際。

過去臺灣只要有人提到改進照服員培訓，就不免要引述參照他國制度。但另一種看法是強調本土有自己處境，不要看國外。其實不必過度封閉，也不必過度相信一定要參照他國。然而的確有些國家發展更久，比我們先遇到同樣問題，故可以參考。我們最好先自己研究到底我們的處境需求和民情價值觀，以及我們現行訓練盲點，再來省思國外做法。

照顧服務素質提升，有專業因應問題、有效溝通、支持激勵被照顧者、預演規劃工作，以符合不同需求、面對不同被照顧者與家屬等，都感覺到有自信和能力，才可能提升職務形象。訓練過程從新學員一開始接觸面談，到每次學習的過程，都能不斷感受到學習的尊嚴與被看重，才能感覺到這份工作的價值，才能爭取更多人才投入。日後要從中選優培養照顧指導員、個案管理師的轉業機會也就更大。臺灣的長照，在一直投入經費時，才可能預期更多人的困境得到改善，降低倚賴照顧，維持獨立自主更久，創造更多人健康有意義的晚年。

49 從空服員連想照服員

許多照顧服務行業往往用於溝通的時間不亞於執行工作的時間。或者可以說，溝通就是工作的一部分。因為我們國民基礎教育養成方式，以及個人成長經驗，我們不一定很重視溝通。但溝通品質可以影響被照顧者的心情甚至病情，所以應該要更重視。

照顧服務可能很忙碌，如何在忙碌中有效回應客戶需要，得找出好方法。二〇一五年我在比利時老人護理照顧倫理尊嚴實驗室學習，這個地方的訓練方式是讓長照從業人員根據照顧過的客戶的特性來扮演一日失能客戶，由護理學生擔任照顧工作。透過被照顧省思自己過去的作為，改善未來作為。希望降低衝突，對照顧者與被照顧者都好。

有位職能治療師參加這種訓練，印象最深的是她扮演老人時，那些忙碌的學生來來去去，要應付假扮失智的專業照顧者，還要幫人洗澡，還要備餐。結果，她提出的需要好幾次被忽視。所謂忽視就是照顧者來來去去好忙，每次聽到她的要求都說「好、好」、「等一下來」，但是結果都沒下文。這讓她很不滿意，也體會到被忽視是什麼滋味。一種表面回應但實際上是「打發打發」的照顧。

這種情況其實在機構照顧不少見，但怎麼改善？當老人行動不便時，最常互動的對象可能是照服員或身邊的護理師，以及其他治療師等等。這些人的應對就構成生活品質。很值得想一想怎樣維持好的互動。

航空公司空服員也有類似的處境。我向座艙長請教，她說以前在經濟艙服務時，要面對兩百多位顧客，真的這位要這個，那位要那個，同時背後傳來聲音要這個，真的很忙，要短時間記得很不容易。為了服務品質，會隨身攜帶紙筆，記得座位第幾號的人要什麼，然後一一提供。我們照服員如果在日間照顧中心和安養機構是否也可以如此來減少衝突呢？常常後續的衝突甚至攻擊行為，可能來自老人得不到回應而發怒，或採取激烈手段，讓照服員錯愕或受到打擊。

座艙長後來到商務艙服務，個別化服務更多，但是人數沒有經濟艙多。她說，如果經濟艙能應對很多人要求服務，商務艙就問題不大了。這時要花更多心思記得客人的特性，根據特性主動詢問或者根據特性掌握需要，避免忘記。

這位服務年資已十七年，有五年教官資歷的座艙長說，其實在新人養成時，的確有相關的訓練。方式是由同期同學扮演顧客，教官私下先告知等一下這些扮顧客的要對扮演實習空服員的學員提出哪些要求，然後教官會考核這些實習者忙得過來否，記得住否？而且怎麼和客人溝通。她記得有些新進人員在這種考核中，會因為頭腦要記，又要趕著安排服務，一下子當場變成手腳不協調好像卡住了，和平常行動兩個樣子。

這種情況上線工作後，慢慢累積經驗也有助改善。也就是不只知道怎麼記得，也能自己結構化整個好幾小時的流程，有哪些SOP以外的需求可能發生，就更不慌亂。另外，就是要能想到靠互相幫忙，大家一起維繫這種工作文化，例如商務艙兩區，第一區一人服務十一人，另一區達二十人。航空公司的明文規範並沒有寫到互相支援，但實際上要這樣做，才能因應需要。不過這裡面還有小細節，例如跨區來支援的空服員，必須先記得另一區的客戶姓氏，然後才出手支援，這才能確保品質一樣。

座艙長說，二十年前的空服員有許多習於文字記憶和口語溝通，現在新一代的比較習於圖像溝通。教導時也可考慮用圖像記錄和思考，來維持不要忘掉顧客的要求。可是應對顧客個別需求和臨時需求，不只用 SOP 就可以應對得好。有的空服員可能因為家庭教育和個人特質，讓顧客覺得不受重視，甚至言語激怒對方，這都要很彈性的看狀況、看客人個別處理。

從以上空服業的方法與養成，可見對應實際工作而找方法確保服務品質是必須考慮的問題。現在長照服務者的養成，多半是技術性課程。除了照顧植物人，其實照服員天天都要溝通。如果照服員養成，也能多考量實際工作中的各種互動，提早幫助照服員找到方法，避免老人覺得被忽略或被打發，當然有助照顧品質。

至於跨區服務，往往在日間照顧中心和安養機構不也是這樣嗎？我在芬蘭觀察長照教練法時，教練就很強調照顧者要想一想，願意跨區支援的幾位照顧者一起合作，和幾人堅守個人工作，不管別人的工作，有多少差別。日本的小規模多機能照顧機構甚至刻意將空間動線設計成照顧者更容易跨區支援。

空服和照服當然工作內容很多不同，但是如何在忙碌中，同時應對很多人提出要求的特性有些相似。因為溝通可能產生摩擦的風險，也有相似之處。只有不斷省思，不斷根據實際狀況找更多好方法確保服務穩定與可預測性，才能帶給客戶最大安全感和互動品質。

或許有一天，照服員素質提升，可考慮跳出只有從護理醫療來的想法，嘗試走出讓空服與照服（居服）來對話，讓老人待遇「升等」。看看到底有哪些可以轉化運用的知識和方法。這樣，長照越來越被強調的生活照顧，可以突破現狀，逐步走進另一境界。照服員的專業榮耀（professional pride）也會更好。

▼ 空服員許多服務流程和理念可轉為照顧參考。（圖為空服員示範逃生）

更友善的喘息照顧

50 別再只說阿們——喘息照顧必須落實

有位身體不好的七旬民眾，因為照顧九旬媽媽很累，希望申請喘息照顧。政府的確已有這種制度，民眾可以向地方政府長照中心申請，會有照管專員來府評估，若失能合於服務標準，就可以得到補助。請居服員到家裡稱為居家喘息。但這位母親重聽，電話聽不到。以臺灣目前的居服制度，每天全靠居服員，家屬又覺得很難，所以得選另一案，去找機構。

然而，接下來怎樣能成功的將母親暫時安置於機構呢？地方政府提供他一份密密麻麻的機構名單，這些是已與政府簽約可以讓民眾去喘息的。從這位需要喘息者的角度看，他就是很累才要喘息，但得一一自己詢問。後來問了幾家，得到的回應是沒床位或者還消遣他，更重病的都照顧不完還輪到你？這位先生當然不好受，最後終於放棄了出國五天散心的計畫，因為沒有確認可以安置，他怎麼敢訂機票。

有些機構獲悉，願意幫助他。但這些機構卻不是政府簽約的，所以不能得到政府補助來給付。這時，有一家已經簽約的跳出來，主動表示有床位。說有間房間，鄰床有位失智者經常吵翻天，所以沒有任何人願意住這間的另一床位。這家醫院附設機構的醫師說：「還有這一床，歡迎這位先生的媽媽來住」。我們問這怎能喘息？明知就是大家都受不了的床位，怎能用於喘息呢？恐怕母親與兒子都不得喘息。希望未來不會只有這樣的床位。醫師回「阿們」。意思就是願以後不會如此。

我們的喘息照顧就只能繼續聽這種阿們的回應嗎？其實有一部分縣市是由政府長照中心協調，協助到找到機構。但還有許多地方是給客戶一張名單，讓人自己慢慢找。

從消極角度看，已經去評估了，找地方當然是民眾的責任，而且人人喜好不同，公務員或約聘照專去協助可能吃力不討好。然而，衡量許多需要喘息的人，真的對這些資訊不瞭解，或者打電話去機構，碰到接聽較不友善時，真的非常挫折。若不斷聯繫成為壓垮駱駝最後一根稻草，則這樣的喘息服務流程意義在哪裡？地方政府的回應是，「因為先前有些訂了又不來，造成現在不容易實施。所以喘息照顧還有很多努力空間」。顯然這還是如外交辭令。

政府在推動新長照政策已經投入許多資源，民眾也的確應負起自己的責任。而且臺灣稅收不如他國高，公部門要不斷增加人手有其極限，但這並不等於要讓服務繼續處於半吊子，讓求助者無助感更深。這位無法為媽媽找到喘息的先生說，還沒找到就累死、氣死了。

現在網路發達，其實有很多可能，例如，把所有簽約機構上網，如旅館一樣顯示空床與該床相關資訊，還有評價等等。或者政府可以看狀況協助媒合，或者啟動退休護理人員以半志工方式投入成為支持平臺。

我想起二〇〇九年到挪威，在老人住宅，真的看過一位老爸失能，母女都得癌症的家庭，經過長照部門協調，那媽媽出國旅遊而不擔心。還有一位先生腦萎縮失能，太太仍能放心的來臺灣短期協助講習失能照顧。我們的喘息照顧制度應可以發揮效能，可別繼續提供人家都不要住的床，只能一直祈禱未來。

第四階段

老年的身心輔導與調適

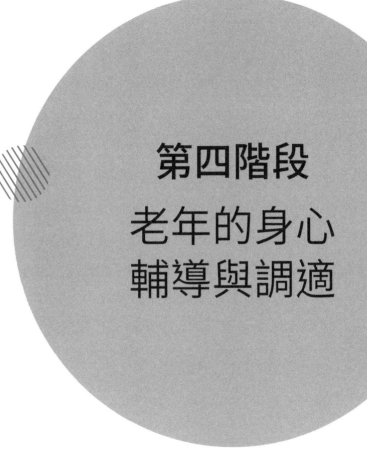

失智失能者應享有更好生活品質

51 讓我們走出誤解失智

第一次聽到失智會發生什麼狀況，距今已經十七年了。那是在高雄一個安養機構。裡面的神職人員說，有的住民年輕時很秀氣，失智後居然拿自己的糞便塗牆壁。這讓我留下一個印象，就是失智會有異常行為，是恐怖的。

又一年，在醫學中心遇見精神科醫師好友，他說失智病因不明而且不可醫。我就這麼粗淺理解。十多年前聖誕節前來到荷蘭，這個我因媒體在職教育而熟悉的地方。朋友帶我去參觀他們的失智機構，我沒看到塗大便的。許多人坐著聊天。印象很深刻，有位老太太感謝照顧她的護士，並以英語對我說：「We never forget her, we do」！這是多麼令我印象深刻的一幕，失智的還會感謝，還可以荷語換英語，為了告訴我她的心意。

又過一年我去芬蘭，請當時的副總統寫個卡片給曾來臺灣多年之後退休回到芬蘭的護理師姊妹，我建議副總統借用我學到的「We never forget you, we do」！短短的親筆送給芬蘭朋友。因為我對這話印象太深，失智可以感謝，可以快樂，可以說不忘記。這改變我對失智的理解。

之後十多年，因緣際會見到許多荷蘭失智照顧專家。他們發明好多方法讓失智者好過，讓照顧者好過，讓家人好過，學習多贏方式抒壓，給予失智者更適當的應對。他們說，失智的人即使噪動或遊走，甚至特別的行為，都是有原因的。要找原因，找對策。後來甚至認為六成照顧挑戰來自旁人對待方式與環境安排。我看到資深年長的護理師陪伴失智者，日照中心好祥和。似乎許多在臺灣被認為可能是火藥桶的人怎麼都這樣柔順？難道因為我來參觀，都先餵食什麼奇怪的藥嗎？經照顧者一一解釋，我才知道他們怎樣和失智者互動。有一部分是荷蘭人都有的耐心和尊重，還有些來自對失智不斷理解，例如聲音、顏色、光線、鏡子、線條的認知反應和調適，讓我對失智後還能有生活品質抱以希望。

這時在臺灣，高雄有位媒體高層主管，她母親失智，以三層鎖關在家裡，以防走失。等這位主管退休不久，發現自己有失智跡象，隨即消失，再也沒看到。這讓與她很好的同業非常惋惜，據說她無法接受這個事實，也難以接受未來。

後來，我見到一家養護機構二十二人一間，失智、失能混居。一進門，辦公桌擺了大茶葉罐，上面手寫標示鎮靜劑。老闆很直接的說：「老人，住到總統府也是一樣啦」！還有位失明的九旬失智老太太，就一直躺在床上。她一直想起來，因為腿沒有壞，卻一直被要求躺下。還在失明的狀態，照顧者一直唸「這老阿嬤很精明哦」。等到我實習照服員，實習機構把失智和沒失智的混在一起。每天下午點心時間，飯桌前，一位坐輪椅老太太就不斷喊失火。她對面也是坐輪椅跑不掉，但沒失智的黑道大哥，就不斷用三字經回應，兩人都痛苦。我忙著預備許多管灌食物，就看著他們這樣互罵五天。

又回到荷蘭看到更進步的失智照顧機構。一千多個照顧農場，裡面的失智老人拿新的期刊和我分享許多以前當維和部隊的故事。沒失智的老人是不能以保險給付一天七十歐元來這裡的！一百三十床的機構有十三位全職活動帶領者，許多失智的人有不同的活動選擇。整個機構有許多「攤位」活動等著他們。另一個十四世紀開辦的安養機構，樓下有失智餐廳，食物品質和一般餐廳一樣，跑堂點菜清理的是護理師。荷蘭本於若失智到離世平均八年的統計，希望六年可住家裡，社區化，所以十二所大學開辦社區失智個管師訓練，採混成學習提高效能，以因應未來五年全國三千位個管師的需求。

據說失智多達兩百多種，並不是失智都塗大便，我們願意試圖理解，可降低讓失智者的言語、行為、情緒情況更壞。

我讀到丹麥照服員教科書講失智的那章，第一句就說，「要瞭解，失智和一般人一樣，有追求自我實現等種種期待，只不過他們是弱勢的追求者。所以照顧的責任就是協助支持他們自我實現」。

後來我的荷蘭籍好朋友，這位從一九九五年引領我學習媒體的老友失

▼ 丹麥失智活動據點有各樣支持長者生活工具並收集使用意見以便改善。

智了。我只要回到荷蘭一定去看他，並根據我學到的失智知識來照顧他。雖然每年只能去幾天，他也不再很認得我，但透過彈琴等許多方式，帶給彼此許多歡樂。他也曾在我彈琴時對我說：「I remember that, I do」！我彈琴，他跟著唱，屢試不爽。他太太也露出笑容，兩人很融洽一起，只不過飯前讀《聖經》禱告改由太太擔任，這位長輩對我用英語說：「謝謝上帝預備這 wonderful 的女人」。

荷蘭音樂大學發動大規模失智音樂照顧計畫，培訓學生投入音樂互動，讓失智者指揮控制大小聲和快慢，認為每次活動可能是失智者一整天唯一當老闆的時候。許多失智老人的記憶被找回來一些，能表達、能聊天、能分享。我怎麼老是在國外遇到這樣溫暖的故事？我怎麼老是在臺灣聽聞朋友照顧失智導致的許多不幸和艱難？

▲ 丹麥重度失智機構照顧者用失智者能感受的方式給予安全感、幸福感。

▲ 丹麥重度失智長者在長者志工彈琴時就醒過來能唱歌。

52 感動人的失智復健

幫助鼓勵老人做運動延緩失能不是新聞，但失智的呢？怎麼幫助他們？因為失智所以不能得到幫助？事實並非如此，而且有很多希望。

在日本老人醫院失智區，有較長時間觀察他們怎麼引導長輩活動，減少持續長坐。從我抵達那活動空間，就看到物理治療師一對一輪班帶不同長者來。確認今日主題後，一遍又一遍不辭辛勞地教。從

▼ 失智復健需要瞭解失智溝通，而用最順勢方式引導自然行為。（圖為日本醫院治療師耐心帶領老人復健）

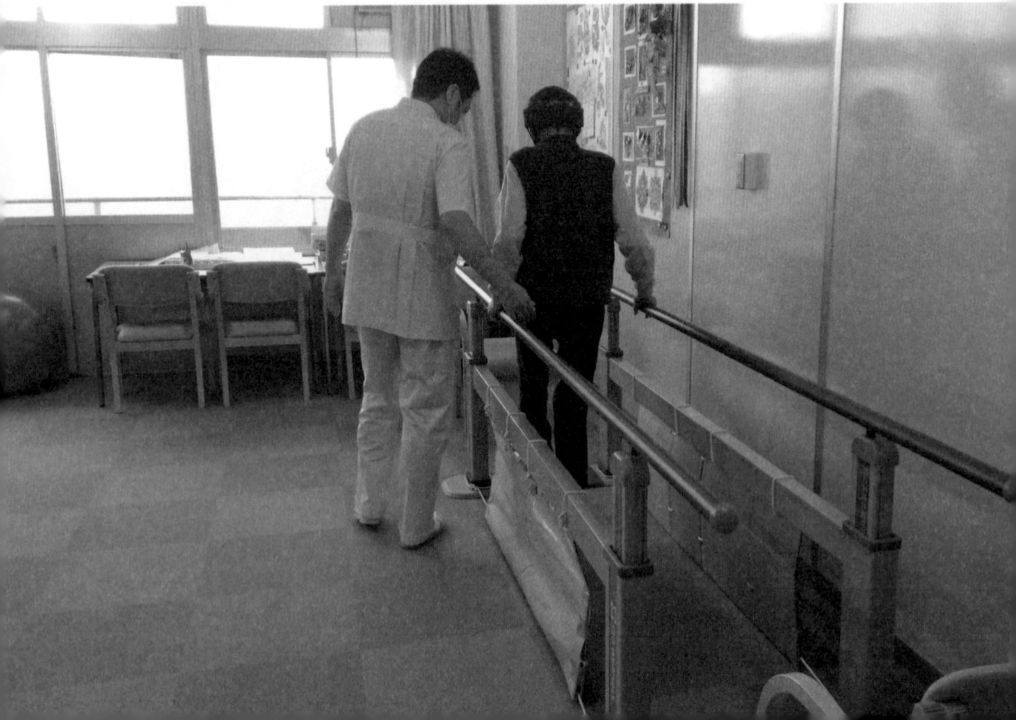

走路到平衡木到各種小型工具使用，用講的、用唱的，也用示範引導的，不斷不斷嘗試各種溝通方式，看今日當下什麼方式帶來效果。

先累的往往是治療師，坐下來休息拿手帕擦汗喘口氣，還拍拍老人甚至抱一下，表示不好意思，讓我喘一下。然後又開始下一段那種我做三遍你做一遍看看的互動。所以跟在我後面採訪我的日本電視臺問我有何心得？我半開玩笑的說，我終於知道為什麼老人配合。因為換成是我，一位這樣努力的治療師在我面前用盡辦法的模樣，我好意思不做嗎？他們若有所思地頻頻點頭，然後笑了。

記得以前在北歐學習失智，一般來說，失智者認知功能稍弱，還有情緒與自信等挑戰。但早年社會經驗記憶可能存留不少，能分辨、感覺旁人的態度。通常照顧失智者不必要他們記得剛才的事與未來的事情，至少可以設法讓他們處於美好的當下，構築一個個美好當下就是給予有意義的好時光。

從這原則看日本復健也是如此。部分臺灣相關領域人士看到這裡，又要問，人家照護比多少？人家健保給付多少？是的，這些條件不能忽略。然而，我們真的都學會怎麼幫助失智者進行延緩失能的復健活動嗎？在日本、以色列、荷蘭等許多國家，我常會好奇問，誰來訓練物理治療師怎麼設計失智復健運動？這到底是溝通問題，還是另有不同病情的復健設計？這些國家的物理治療師告訴我，的確有開設這樣的創新溝通和執行方法課程。在臺灣，因緣際會我多次請教物理治療專業的朋友，他們不想說沒有這種訓練，但又說不太出已經有什麼較完整的入門訓練以及如何訓練，也許我們還在摸索。

不過，臺灣是世界老化最快國家之一，失智也在一直增加。失智者人人不同，例如體能、性格、家庭處遇和親子關係，甚至昨日與今日。所以注意他們還有的機會應被重視。最理想的狀況是物理治療、職能治療與神內醫師能多討論機轉與方法，進而評測失智者的理解力、體能和生活能力需要，在製造樂趣的方向發展策略。

在以色列平價但品質很好的全失智安養機構，我遇見物理治療師幫助失智者，最少分四大類活動來維繫生活能力。

一**是在健身房**。針對生活能力，例如手抬起來拿東西。治療師告訴我，挑戰不僅在肌力，也在老人會忘記拿的動作。讀者可能很難想像，拿東西的動作怎會忘記？但這就是實際經驗。所以物理治療師預備設備，給予雙手拉滑輪的練習。又如失能、失智更嚴重的，還有被動式腳步刺激電動滾輪等，有趣的是器材是臺灣製造。

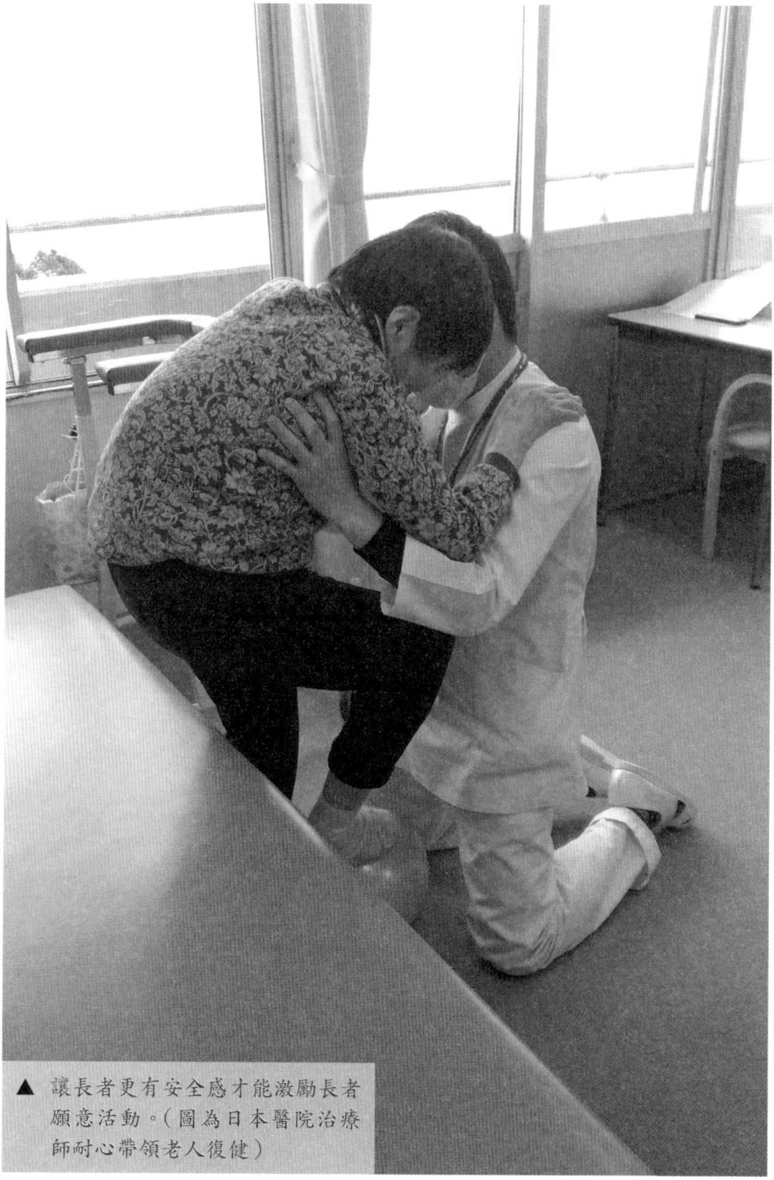

▲ 讓長者更有安全感才能激勵長者願意活動。（圖為日本醫院治療師耐心帶領老人復健）

二是戶外大樹下例行的歌唱加聯合運動。照服員、治療師加入志工。有些一起玩，還有些操作他們年輕時熟悉的機械，例如板金等等。因為他們認得，他們願意繼續玩，而物理治療師瞭解效能意義是什麼。

三是園區有小動物園，隨時提供各種小型有觸感的寵物，讓老人觸摸激勵活動。除了兔子，有許多動物我也沒見過，但共同特性都是類似臘腸狗，細長有軟毛，爪子不尖，適合放在腿上。

第四類看來普通卻非常務實，每天都有物理治療師和照服員一起，協助所有老人在園區行走。即使已經走路不穩到兩人架著走也是要走，這不是強迫，而是盡量鼓勵。背後有非常清楚的理念，就是要善待、要提供照顧，就是不能讓來這裡的長輩常常坐著，越坐越快失能。

某種程度來說，收了照顧費用讓老人天天坐在那裡，這叫照顧嗎？我常在不同機構對比之後想到這個問題……

▼ 提供各種小型有觸感的寵物，讓長者觸摸激勵活動。（圖為以色列動物）

53 歐茲海默咖啡

第一次聽到歐茲海默咖啡已是十多年前，當時在荷蘭見到創始者梅森博士。這種在社區發光的患者與家屬支持模式，兼具撫慰和實際照顧建議，讓辛苦的照顧者與患者都好過一點。而不同家庭相互支持，知道自己並不是世界上唯一的受苦者。

通常會選定一個社區民眾容易到得了的交談場所，有志工預備環境、茶點和服務接待，並有醫師等專業人員參與。環境預備產生有安全感的氛圍，這非常重要。進行方式先有交談，然後有演奏音樂緩和，接著是醫師講解和回答問題給予建議，然後再進行第二輪討論。我參與時看到很多人很無助，或者難以面對親人忽然變得不一樣。照顧者很難適應的基本原因是和患者相處多年，有很多共同經驗，但一下子成了朝夕共處卻不可預測之人。發脾氣、亂擺東西、沒時間感、沒安全感等等，這些都可以在這類聚會中討論。

荷蘭是老了較少親子同住的社會，老配偶或有一位失智等於另類獨居，就是獨自面對躲不開的難處。因為歐茲海默咖啡很符合受苦民眾需要，所以逐步傳開拓展到各地。

在臺灣，我們有不少人喜歡收集資訊，求浮木，甚至便宜行事解決問題。另一方面又喜歡質疑別人的方法不一定適合我們，很怕看到別人好就覺得自己一無事處，或者不滿意現狀，又不願意接受新事物，這真是複雜的情結。

其實，荷蘭原始推動的精神是希望更多失智者可以不要那麼快進機構，能在家過得更久，就必須要有新方式支持這種期待。但失智又不是那麼一是一，人人不同，不同階段也不同，不同照顧關係也有不同挑戰，所以才有這種群聚支持的討論會。要說病友會也對，但歐茲海默咖啡是可以也歡迎患者一起來的，這樣大家討論更不會瞎猜。實質上患者雖失智，但依附某些主要照顧者卻是最有安全感，這比單純的病友會或家屬會更多樣。

我們臺灣在看待這種照顧方法時，要看到的是找尋改善問題的熱情、知識和嘗試的決心。我們最好先思考我們的失智照顧現況和挑戰，再進一步想我們要主張社區化嗎？那要建構哪些環境條件？再參考荷蘭怎樣把握歐茲海默咖啡的本質，參考運用。我們願意參與這類服務的志工在哪裡？能不怕惹醫糾的互信如何建立？家屬願意放手嗎？家屬願意一起承擔責任嗎？

在歐茲海默咖啡創立後，荷蘭陸續有更多類似的活動。有時居服員還會帶失智者到活動中心聚餐。再後來，荷蘭創立世界第一個大型失智友善超市，還有一千多個照顧農場，這些都是支持失智在地化的發展。但歐茲海默咖啡與其他活動有別之處是，這不是娛樂，而是聚焦改善照顧品質，將困擾縮小化的聚會。它可以有音樂，本質上仍是為了營造氛圍，讓大家摸索更適合的當下照顧智慧。

有鑒於失智越來越多，二〇一六年荷蘭已有八所大學為未來五年各社區總共需要的三千位失智個管師開始在職培訓。也就是平日失智者仍有家屬照顧甚至獨居，和歐茲海默咖啡創始時相比，現在又更有專人支持給予意見，協助連結醫療和居服。

歐茲海默咖啡仍然繼續，它成為個管師的好資源，來協助的專家更多了。包含特別針對家屬喘息和保持健康的教練，而一次活動的人數規模也更有彈性。重點在邀人家來，整個過程要讓大家覺得比不來更好過，知道實在受不了可以找誰，知道不要硬碰硬或者過度落入情緒，以免失控折損兩敗俱傷。

我親自在荷蘭照顧失智者多年，看著學養豐富談笑風生的長者一路惡化，直到女兒來探視也問是誰，這真是情何以堪。但是有信仰和有音樂，以及適當而無干擾的生活環境，仍可降低挑戰，讓人感到比較安全，這對一旁的照顧者就是很大福音了。通常主要照顧者也可能已是一身病，還要不分晝夜因應患者。若居所有上下樓，樓上開暖氣，樓下省電無暖氣，失智老人可能下樓如廁摔倒或看錯床就可能凍死，這都是荷蘭處境，也是歐茲海默咖啡討論的主題。

我們臺灣的社區環境比重視規劃的荷蘭更複雜，我們的社區化以及如何讓更多家人願意走出來？如何讓政府頻頻揭牌的共照中心帶有歐茲海默咖啡的色彩？還有待努力。

▼ 環境氣氛設計足以影響所有健康促進活動。
（圖為荷蘭歐茲海默咖啡活動中場休息交流）

54

給失智者更多生活品質——從教會故事談起

有一位在教會裡負不少責任也積極參與的中年人，有天車禍腦傷以致行動不便且性格有極大轉變。他變得沒有耐心，還有很多感受難以清楚用以往流利的言語表達。過去非常自然的在星期天去教會做禮拜，卻變得困難。他太太扶他坐在教堂前排，教會一如以往儀式開始，但不到幾分鐘他開始不耐煩，吵著要回家。他太太感到困窘，以前受人尊敬的人一下子變成這樣。教會其他人有人低下頭，有人用同情但無助的眼光看著這一幕。

就這樣幾次以後，太太怕干擾其他人聚會，也覺得再遇到先生發脾氣不好看又影響別人，所以就不再如往常去教會。到底什麼原因改變？沒有人能清楚解釋，但人就是改變了。後來他幾乎只有三個去處，醫院、家裡附近公園和家裡。連去醫院定期體檢、抽血，都才進醫院就大聲吵鬧，讓太太再次煎熬。

另一位是臺灣頂尖大學經濟系畢業並從事公職，在五十年前能有這學歷當然是全國頭腦佼佼者。但退休前變成在家半夜不睡覺，拿起水果往樓下扔，然後行走時雙腿不平衡，一跛一跛的，越來越慢。在家更容易發脾氣。在教育界平順的配偶不得不考慮提前退休來照顧。眼看先生變了個人，以前先生開車載一家來教會，後來太太得開車，再後來，在教會附近下車要走進教會短短的路因行走緩慢變得越來越遙遠。聚會前就到教會外面，聽到樓上的歌聲，逐步走進去。

還有一個基督教醫院協同政府支持開設失智日間照顧中心。美輪美奐的硬體，也有熱鬧的揭牌儀式，但一個下午，我看到五位長者做一樣的活動，不想聽伴唱機的沒有其他選擇，又因必須同處一空間方便照顧，要忍受噪音而無處可躲。缺乏專人帶領活動，僅有受過一百小時一般訓練的照服員單獨在這裡，忙備餐、忙給予活動、忙注意限制長輩不能跑出去。只能進行簡易寫了蘋果、橘子的紙球扔來扔去，購置的電子琴幾乎從未發出聲音，這是怎樣的被照顧經驗？主辦者希望招攬更多人來，因為政府要看到績效。可是豪華的空間為什麼沒更多人想來？我們給予的照顧方式是越來中心越延緩？還是越來中心越失能呢？

還有位教會長者，年輕時喜歡備餐，但失智又髖骨摔過，家人怕出事，只要她一想從椅子上起來做事就叫她坐著，一天至少聽二十遍。後來她拒吃飯，醫師擔心營養，建議插鼻胃管。她不舒服想拔，就綁住她，拔掉一次居家護理師更換要花費一千五臺幣，在機構就造成照顧者負擔，所以將她戴上乒乓手套式的鋼板手套固定她的手掌。後來她的手開始攣縮失去功能。有天教會朋友來辦活動，她看著高興想參與，但被綁住。護理師告誡來者，誰放掉她要是出事誰就負責。老太太就這樣在一旁看著度日。

以上的情景是否有些讀者覺得不陌生？約兩千年前，耶路撒冷的平均餘命三十歲左右，因為公共衛生條件不好。如今臺灣平均餘命約八十，他國還有超過八十，越來越高。我們遇見歷史上從未遇見的各種老人。人老本來就是老，不必然生病。但現今許多環境因素和生活方式，造成老而失能、失智的人更多。前述教會朋友才五十幾歲，固然是意外導致，但他可能繼續活到老，而還有更多比他老的也逐漸出現類似行為現象。在高齡少子社會，這無疑是配偶沉重的身心負擔。

失智有老才失智，也有不一定老或其他外力原因。外人有時可看出當事人與家屬生活變化，但也有些是旁人不易感受到的。因為有些失智者只對最親近的人發脾氣，毫無保留的展現真實的自己。另外，大家覺得照顧失智最煩惱是半夜遊走或異常行為，但實際上天天貼身相處的照顧者最大壓力也可能只是失智者一天要問百遍同樣問題，讓照顧者一起活在不一樣的世界，要調整自己的溝通頻道，這對明明還能正常快速反應又能用語言溝通的人殊為不易。

我們怎麼讓以上處境的人與家屬有更好的生活品質？我們相信人被創造在關係裡，但周圍有人又可能更構成壓力要怎麼辦？我們受教育的歷程和當下求速效的生活方式，往往讓我們想很快的解決問題，甚至發現用錢、用藥物解決不了。我們避免注意問題，或很快承認我們沒有辦法，最後可能變成家屬獨自扛起責任。向來在其他事聰明的我們，只有這樣的面對方式嗎？或許這是我們學習更整體思考，而且從內心深處的價值思維開始省思的時候。因為更完整的思考，可能有更完整的因應。

首先我們怎麼看待人的價值？是看外表？還是看財富身分？看有病沒病？當一個人從正常生活變成認知受損，身為旁人的我們怎麼衡量人的價值？從此被當病人還是人？甚至更往前推，我們怎麼看待自己的價值？因為我們怎麼看待自己，可以影響我們怎麼看待我們與別人的關係和職責。若照《聖經》所說，我們是神按著祂的形象所造，而且我們被創造在愛的關係裡，我們活著彼此互動是要顯出愛。沒有任何事可以讓我們與神的愛隔絕。那我們面對失智者就應該可以也有可能繼續發展在新處境中彼此活在愛的關係裡，無關乎失智到多嚴重。有人在婚姻輔導時勸勉年輕人說，愛不是感覺而是一種決定。轉用到失智，不也是如此？現在在物質先進國家，因失智增加，輔導人員甚至還要面對失智離婚處理成為一項業務。但我們怎麼看待失智？我們與失智者相處，不是憑我們當下對失智者造成我們的感覺，而是一種決定！當然不是一人去面對！

其次為有責服侍所處世代的人。《聖經》不只這樣說，也多次告訴我們，要對所見不公義現象要有批判思維並以智慧介入改善，讓人活出原本應有的美好樣子。因此，有一位失智就相當重視他如何被社會制度資源和人們對待，更何況越來越多人失智。社區裡有人被兒女基於孝心用三道門鎖起來，被大聲咆嘯，彼此傷害或日日活在沒有安全感的處遇，情何以堪？我們得覺得自己對這些受苦的人有責任，我們得願意一起去找更好、更多適合不同挑戰的人的方式來幫助他們。不能把失智全看成一樣。失智有百種，人也有百種，落實個別化計畫是必須的。這是一個科技發達通訊無遠弗屆的年代，也是人類歷史上老化和失能者多的年代，更是照顧資源最豐富的年代。我們必須承認自己不足，但承認不足不等於毫無辦法。這是可以學習的，學中做，做中學，創造更多方式，讓彼此支持而更輕省。願沒有一人落入獨自挑起受苦重擔。

第三為深思全人需要的是什麼。不是只要讓失智者不發脾氣，不是只要不迷路，而是設想新處境，如何在日常生活每個環節得到支持。誠如丹麥照服員教科書說，要知道失智者和我們一樣有追求自我實現的期待，而我們照顧，就是支持弱勢的自我實現者能繼續追求生活理想。又誠如荷蘭照顧經驗累積的數據，六成五甚至更多的照顧衝突與失智者的言語行為問題和受苦，是來自環境建置和周圍的人與他們溝通的方式。讓他有安全感是首要。人年紀小而認知不足時會放大感知與外界溝通，失智認知退化也有類似現象。我們有無想過我們的表情、給藥態度，外界的聲音、味道和觸摸到什麼，都可影響失智者當下的安全感。一方面，認知造成語言溝通不易，另一方面還有視覺、嗅覺、觸覺、聽覺、味覺當橋樑。更別忘了，年輕時累積對人感受能力仍可能存於內心深處，可以感知他人友善否？到底從早到晚有哪些生活需要？每天病情有何變化？如何重新設計？

第四為理解事情可改變並從自己開始。回到前述兩個故事，當我們有以上的信念與和失智互動的基本理解，可有很多新嘗試。

關於第一例，教會可否瞭解為什麼他坐下又急著要回家？做禮拜要堅守儀式還是本於儀式精神，可以牽就他而有些調整設計，而讓眾人同得幫助呢？現在在丹麥，甚至有牧師為失智者帶著活鴿子和沙子來設計做禮拜。

關於第二例，半夜不睡覺丟水果到樓下的人，我們能否看到他還有這樣的能力，從能力思考接下來怎麼安排生活，讓家人輕省？教會其他的人可以做什麼？繼續在教會參加熱鬧很 high 的聚會，還是伸手在尊重的前提下為這個家做什麼？為什麼國外許多照顧機構，半夜不睡的失智者可以安靜有安全感的坐在夜班照顧者身邊？以後更多失智者在家還不到去機構的狀況，如何對環境再設計幫助他們？

關於第三例，五位失智者在一起，我們是否減少固定課表，讓他們在每日碰面到回家的每個環節，有更多機會感知生活的意義和樂趣？怎樣得到更多支持回家後的能量？復康巴士除了送人去醫院和往返日照，可否帶出去其他地方活動，透過我們的支持繼續感知更多世界的美好呢？丹麥這類機構現在是由失智老人一起開會決定日照怎樣的擺設以及每天在室內和外展有什麼活動。

關於第四個例子，後來我從北部請來與我合作過的優秀語言治療師，我們卸下束縛多花點時間，長者拿起布丁勺子餵九旬先生，她自己也重新經驗自己吃愛吃的食物的樂趣，我彈琴給她聽，她用手拍我打節奏，並在我要離開時，微笑輕拍我兩下，有如摩斯電碼要表達滿意、滿意還是謝謝、謝謝。遺憾是後來機構護理師表達無人力進行餵食互動，暗示希望那樣的生活還請另尋他處。

展望未來我們有更多科技工具，例如用手機軟體幫助失智者回家或累積他們的習慣供照顧者參考，或創造新溝通圖像聲音路徑幫助失智者和照顧者共同參與決策。我們有更多好的訓練方式，如比利時老人護理照顧倫理尊嚴實驗室來幫助旁人同理失智者處境和如何相處；我們也可有更周全失智友善體系，如個管師、友善超市、友善牙醫、友善警察等來建構更寬廣安全的生活圈；我們有更多非藥物但極其有效的資源來支持彼此，例如繞

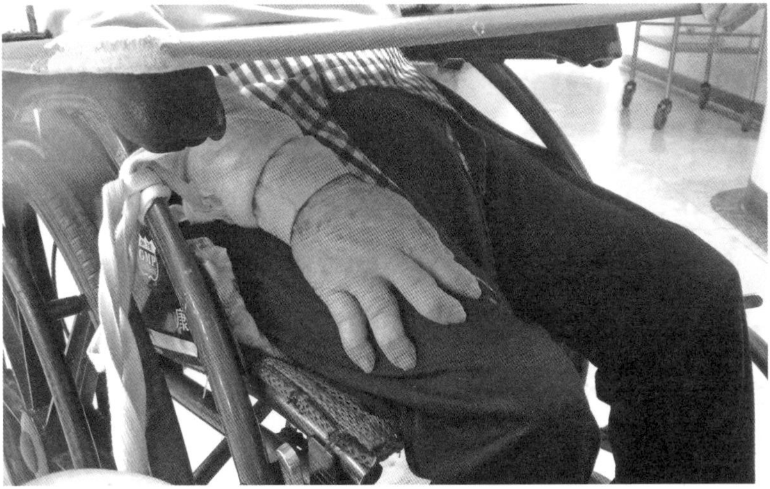

▲ 照顧方式有時解決一些照顧者的麻煩，但是卻在人看不見的地方帶來被照顧者的生活壓力。（圖為基督教安養機構失智長者）

過純語言用音樂來溝通安慰，或握有他們喜歡的娃娃，或照顧農場面對動植物，增加失智者的存在意識與感受仍能主導生活的尊嚴。

我們面對更多失智者，沒有人敢說自己有足夠勇氣獨自承擔。但如能合作彼此支持，這將如其他過往難以面對的挑戰，再次由此顯出愛的力量與人性光輝。

55 和失智溝通需要的眼光、言語、態度

在一個與機構失智區照顧者們討論的場合，我提到「更人性而讓失智者感覺尊嚴的照顧方式，是設法讓失智者參與生活決定」。我也舉例自己在比利時老人護理照顧倫理尊嚴實驗室實習，光被護理師洗澡就被問十幾次要這樣或那樣，讓我選擇，使我有安全感……。

我還沒接著介紹他國的科技與設計，就有照服員說：「無法和失智者溝通，怎麼能徵詢他們的意見？有的時候問二十分鐘也沒反應，他們不講」。

我不知道這樣說的這位照服員是否真的連續二十分鐘去問過，還是隨口說，為的是表達那是不可能的，沒有用的啦。不必對失智的人這樣耐心友善磨蹭，或者真的問過這樣久，用什麼方式問呢？

照服員的回應讓我回家後想了又想，我到底應該怎樣幫助照服員？到底應怎樣分享例子才可能讓照服員覺得願意改變想法呢？

後來遇見正好從挪威來的老朋友，一位有豐富照顧經驗的長者。他說，我們若碰到癱瘓的人坐在輪椅上，能對他說「你站起來嗎」？當然不能。同樣道理，對認知困難的人，不能期望按著我們的反應來回應。

這並不表示我們無法探測徵詢失智者的意思。更明確的說，我們要進入失智者的世界，用失智者能接收的語言和方式溝通，包括放鬆的臉色，因為他們認知受損但又擁有豐富的人生經驗，他們會更依靠外表來辨識防衛和感知。說得慢一點的溝通，用當事人習慣的詞語，他們比較容易跟上，也包括瞭解他們是不是牙痛、肚子痛、皮膚痛，但說不出來所以不想說，用他們熟悉的符號圖像、用音樂和歌曲來溝通。若失智者正在享樂，等一下再問。已知方法再試試。若真的這些都用了，超過二十分鐘，我們還可以想別的。

是因人手不夠嗎？那就說人手，而不是說問很久對方不理。但現在失智區照護人力比，尤其是公家機構，總比機構其他區好一些，不是需要同一時間徵詢好幾位失智者，通常都是一位一位來。

設想我們失智，已經夠挫折。這時被限制在一個地方，還被當成沒有能力表示選擇好惡，是多麼難受的事。嚴重自閉的人尚且會用不同的非言語方式表達，要父母不要放棄他，一位飽經世事的人被忽視選擇是多痛苦的事？若從這種角度回想照服員對於和失智者進行溝通的看法是「無法和失智者溝通，怎麼能徵詢他們的意見？有的時候問二十分鐘也沒反應，他們不講」。這是不是很有待商榷？

新版的丹麥長照教科書有專門一章提到「專業」，提醒新進但尚未進入照顧場域的人，不斷省思到底什麼是專業？如何展現專業？如何因銘記在心，而降低用「原始本能的人」去面對弱勢表達能力的人？

我們若說「無法和失智者溝通，怎麼能徵詢他們的意見？有的時候問二十分鐘也沒反應，他們不講」。我們擔任照服員多年，這樣能稱得上專業嗎？當臺灣媒體與實際從事照服員工作的人一再抱怨薪水，一再覺得這是別人看不起的行業，除了外界要拿掉成見，和我們自己要建立健康的自我形象外，是否想過我們用怎樣的眼光、言語和態度來進行我們的工作？當我們說失智的人叫不動，無法溝通，所以不必徵詢意見，我們到底是來到機構期待客戶配合我們生活，還是我們是來照顧他們的呢？

有時我在想，我會說一點點歐洲不同國家的語言。若我哪天遇見這樣看失智的照服員，我一口氣對他說一串外國話，然後表情逐漸不耐煩，甚至開始一些拉扯的動作，不知道他有何感想？尤其是一個空間若只有我和他的話，這樣有無可能影響他重新思考與失智者的互動呢？

記得在挪威學習身心障照顧，有位有愛心的爸爸照顧從小腦麻的孩子。這孩子十七歲時對陪同他的高中生說，他有夢想，後來這位陪同的高中生轉告腦麻生的爸爸，讓爸爸非常吃驚。因為腦麻孩子從小在家，爸爸對他說話就是去洗澡、去刷牙，爸爸從未想像腦麻孩子會有夢想。失智和腦麻當然不同，但因為與外界溝通不易，而如這腦麻孩子相似被誤解的卻大有人在。

荷蘭失智照顧累積經驗說，絕大多數失智者的情緒失控和行為異常來自環境設計與照顧者和失智者的溝通方式。當荷蘭已經推進到發展成熟的軟體讓失智者在社區散步買菜不迷路，又有軟體幫照顧者和失智者一起決定生活決策時，願我們未來減少「無法和失智者溝通，怎麼能徵詢他們的意見？有的時候問二十分鐘也沒反應，他們不講」的照顧思維。因為如丹麥教科書說，「要知道失智和我們一樣仍想追求實現人生夢想，我們照顧的職責就是協助支持他們繼續實現人生期待」。既然是這樣，怎能幾句「他們是無法溝通的」，就這樣投入照顧呢？臺灣的照服員只有一百小時訓練，九成是技術。以上的問題不複雜，卻是天天影響生活品質。要突破，也許要快快修改我們的起始訓練，讓我們「內建」良善積極耐心的眼光看每一位身邊的人。

▼ 有效溝通包含許多非語言元素。（圖為語言治療師王雪珮突破機構照顧限制，使失智插管者可以享受進食與互動樂趣）

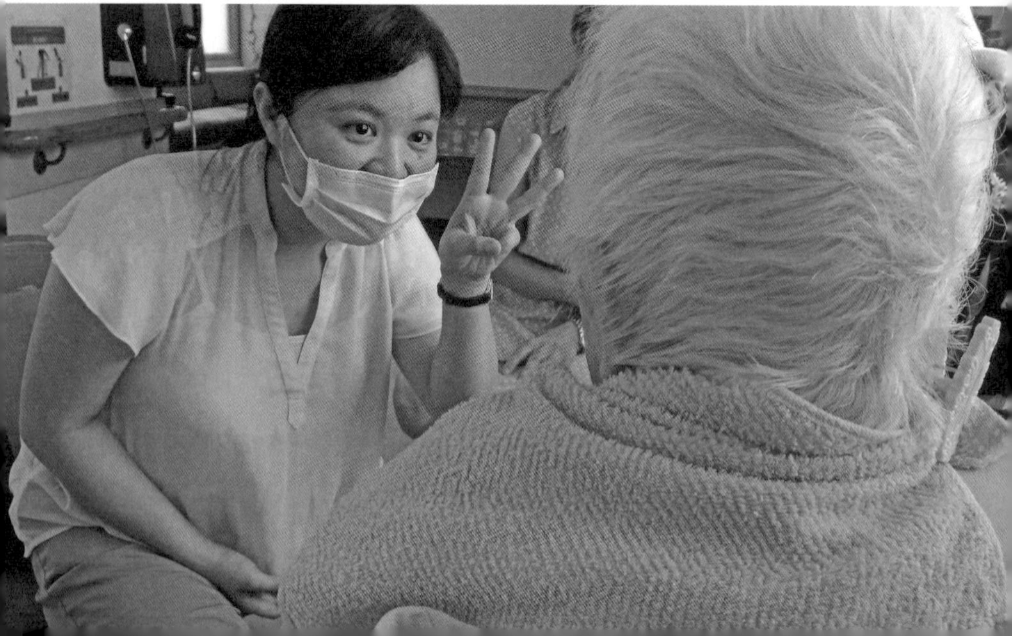

56 丹麥失智共照第一關

走訪丹麥屋登斯市（Odense）失智友善社區，這是整個城市在執行的計畫，希望因應越來越多失智者，希望多數人可以在社區居住到最大極限。因為這樣最有生活品質，減少環境改變導致無謂的生活緊張，這都是社會成本。

體系分四層，由市政府身心障礙老化科規劃，包括初期諮詢通報診斷、初期社區照顧、中期社區照顧、機構照顧。其中第一層如用臺灣目前體制比喻，可說是失智專責長照中心，有別於一般長照中心。丹麥另有社區健康中心，如臺灣衛生所，內有大群照管專員負責居家服務評估和資源連結。

屋登斯市有十七萬人口，個管中心配置個管師有八人，物理治療師、社工師等各種背景都有。重要的是，個管師先前都有在各自專業領域與失智者接觸過，也受過失智照顧訓練，而不是只憑學經歷就可以擔任。

市政府已在各地宣導，讓民眾一旦發現鄰居疑似失智可以通報，自家人有疑似失智也可以與個管中心聯繫。個管師輪班接電話，接到後視狀況約談，評估建議轉介就醫。待確診後，個管師一方面到府討論後續照顧並重視家人看法，以便偕同照顧效能最高。另一方面，擬定初期延緩病情的健康促進計畫。

照管中心除了有辦公室和協談室，還有專屬運動處方實施空間，幫失智者維持生活功能，由物理治療師背景的個管師帶活動。這是屋登斯改變長照最重要的措施之一，就是積極引進大量定期個別化的復健計畫，來替代無止境隨叫隨有，但經費承擔不起又失去尊嚴的舊式照顧。而且此時最容易溝通，輔以適當場地與氛圍，最有參與動機。

一期四個月，每週兩次每次三小時，一組約六到八人。從一開始，包含特別設計的動腦兼暖身活動，如雙手平衡持水球上臂旋轉、交互地板傳球同時喊對方名字。還有搭配網路教材音樂的節奏體能活動、中高能量消耗的地板伸展操、定量定時原地騎腳踏車、彈力帶站立伸展、腦力遊戲、小團體討論。這些活動的目的是維持血液循環和肌力，延緩腦部退化，維持認知功能，並以群聚共同面對壓力緩解困境。四個月會有一次總評。為了不要太針對個人，所以以團體公布成效，避免相互比較，並進一步個別討論下一次個人處方目標。以上做法和過去一般失智社區照顧有其進步之處。例如以往社區已辦初篩，但篩出來

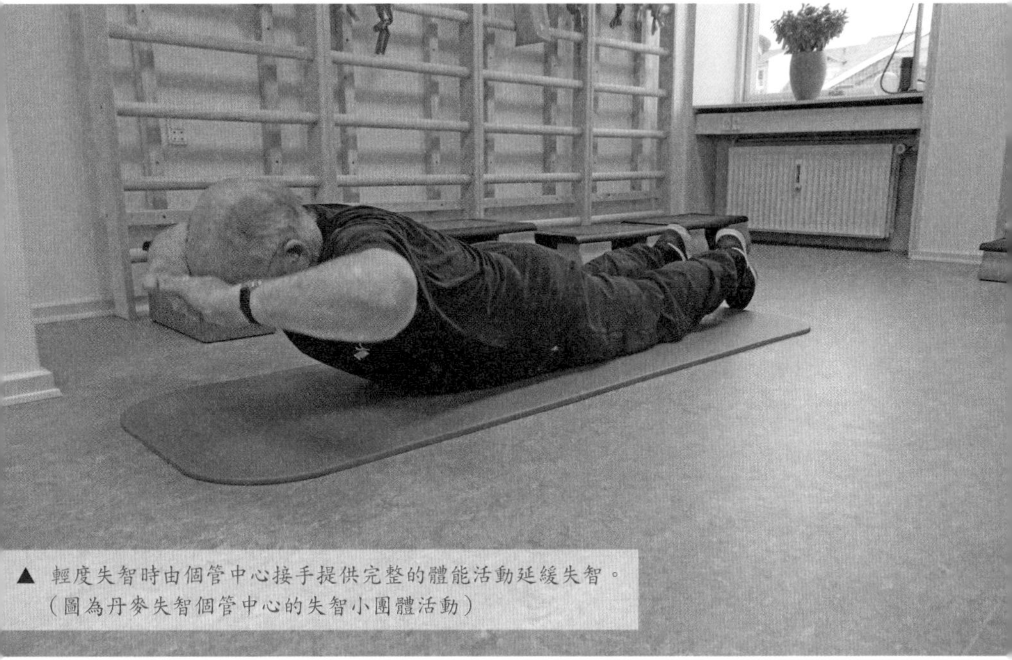

▲ 輕度失智時由個管中心接手提供完整的體能活動延緩失智。
（圖為丹麥失智個管中心的失智小團體活動）

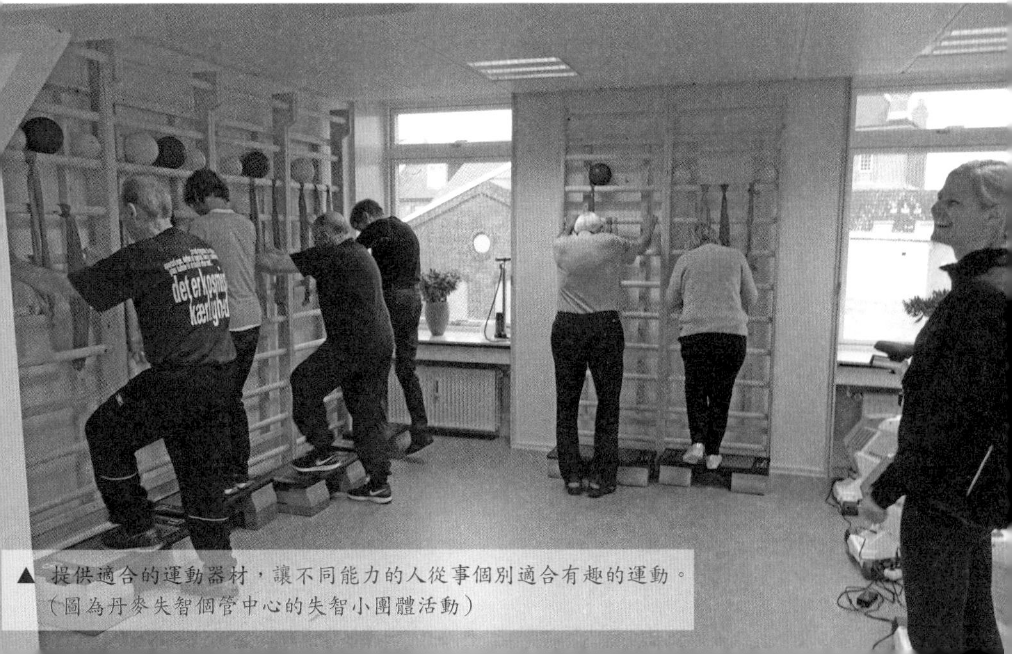

▲ 提供適合的運動器材，讓不同能力的人從事個別適合有趣的運動。
（圖為丹麥失智個管中心的失智小團體活動）

萬一有疑似失智，那下一步呢？若沒有接手作為，等於讓疑似者和家屬更擔心無助。所以很明確的讓他們知道有個管師支持很重要。其次，個管中心提供體能與認知活動，來者不用擔心到一般運動中心被標籤化，並從最初期已進入延緩失智失能訓練，當然有助避免病情急遽惡化，而長期處於非常低落功能影響生活品質。第三，及早認識相似處境朋友形成支持，避免認為天下只有自己很糟。

從這三點可見，身體的、社會的、心理情感的，都涵蓋到，策略布局走向積極、完整、細緻。這正是一般學理所定義的「健康」。要縮短重病期，增加失智者主控生活時間，讓所有失智者覺得被接納，因為這樣生活意義更大，這才是生活品質。

57 不是只靠錢——北歐身心障服務設計

晚近國內重視長期照顧，除老人，還有身心障與精障。其中早期即已身心障者，往往老化更快。有些在二十幾歲到三十幾歲即已比一般人更顯著加速老化。如以一般平均餘命和法定退休年齡做為衡量給予支持照顧的標準，並不實際。如以基本安全保障視之，而非福利視之，更應注意此與一般人照顧之差異，才能讓身心障加速老化者得到適當照顧。

如今身心障提早老化者的照顧，粗分完全在家、日間照顧、機構照顧等。在身心障照顧先進國家，如挪威、芬蘭、丹麥等，重視人的獨立自主性，所以在身心障者高中後即依照個人失能等級，協助尋覓提供單獨居住處所，盡可能使之有獨立居住空間，以支持性住宅方式經營，配有護理師與照顧經理和照顧助理。如果實在無法獨立生活者，則有集合式照顧住宅，個人仍是獨立住房，但有更密集的支持照顧。失能再嚴重甚至不適合獨處一房者，則有更特殊的居住空間設計，但仍以保有隱私和個別性為原則。

如何提供提早老化之先天或早期即已身心障礙者適合的服務？固然他們的生理、心理與認知能力，到底有多少缺損，都不應忽略，但僅僅從個別指標衡量對應服務，仍未必確保有品質的生活。究竟怎樣是適當的服務？或許先要問的是，何謂服務？或何謂照顧？

在北歐相關教科書很明確的指出，談照顧，首先要承認失能者即使再嚴重失能（智），仍具有追求自我實現的期待與夢想。所謂照顧就是支持當事人繼續追求實現生活的期待。至於服務，恐怕意涵更為崇高深層。因為所有北歐國家乃至德國等歐陸國家，最早都有中文譯為「服侍善工」的字Diakonia，這源於希臘文的字，意思是按著《聖經》中耶穌服侍人的精神來顧念需要照顧的人。非常重視成全對方，以對方為主體的態度，並且顧念其外在也顧念其內心的需要，釐清人之所以為人，究竟有哪些最基本特性需要張顯和維護？

上述幾個國家共同的思維，首先是能最大限度參與個人生活的決定。其次是能最大程度保有日常生活經驗。再者，從尚存的感知能力經驗到世界的美好。以下稍詳述。

一、參與生活決定

包含活動選擇、基本作息選擇。如果因行動受限，我們盡可能將活動帶到他的面前，或幫助他前往能得到所期待活動的場所。所以此人雖居住於某處，卻不必受限於某處。關於基本作息，包含飲食內容、睡眠時間。若無法如一般人方式表達，可考慮各種輔具，如溝通板等，而非配合管理者的方便來制定作息流程。

在挪威，即使住民越來越失能，照顧者仍在繼續幫助他學習和維持溝通能力，不斷的用鼓勵、用對方有興趣的話題，在鏡子前面幫助他發聲和讀別人的唇語。目的是讓他能表達各種生活意願，即使要不要別人幫忙穿衣。

在丹麥，不斷用溝通板，為的是希望住民表達自己房屋內想要的燈飾和其他裝潢。一個預備給自閉者居住的住宅，為了窗臺要多寬和房間門與街道要隔幾個門，才能讓住民適應，可以邀請潛在住民舉行公民會議來討論和實驗，才決定寬度與數量規格。

在芬蘭，提早讓住民學習最新的溝通板，甚至只有觸覺的，目的是更精確的選擇想要的飲食和未來幾天的作息意願，以及做決定需要知道的資訊。對他國來的全盲又無學校經驗的非洲朋友，可以開專班幫他們學習如何表達每天的需要和期待。

二、最大程度保有日常生活經驗

所指的是參與社會、生產成就，感覺到自己有創造能力、能與人相互付出給予，從中感覺到活在關係裡。因為人被創造在關係裡。這些當然可能需要某些輔具，但更重要的是，來自互動者互動的態度，包含接觸、傾聽與能傳達的回饋方式。因為所接觸的人怎樣發出訊息，最容易讓接收者感覺到自己與其他動植物的差別。

▼ 發展社交活動使身心障者仍有生活品質。（圖為芬蘭坦佩雷市身心障聯合舞會）

在挪威，依照失能情況給予生產工具，甚至照顧助理代為駕駛的交通工具，為要讓住民能用自己還有的能力繼續從事生產工作，成為繼續繳稅的人。

在丹麥，排出工作作息表，將可能讓住民白天離開住處到他處外出工作，以此保有社會接觸和感覺到生活節奏。

在芬蘭，只要還能工作，白天載到社區身心障人才派遣中心，再看尚有能力與興趣，參與備餐、清潔、手工等各種生產性活動，服務社區其他人。還定期在中心舉行大型舞會，找大學生來工讀服務幫忙，讓照顧者輕省，大家快樂。

在德國，開辦二手家具維修廠，讓身心障者發揮能力。即使已經在床上不能下床，尚提供蠟燭再生的生產活動，還拿去專賣店銷售。目的是讓長期臥床者能繼續保有如一般人的日常生活接觸與作息節奏。

三、從尚存的感知能力經驗到世界的美好

隨身心障衰老，可能若干感官功能更為遲緩，但仍可能保有某些。如能從尚存功能切

入，則視覺、嗅覺、味覺、觸覺、聽覺仍可能享有生活樂趣。

在挪威，重度腦麻甚至活不過三十歲的，有縮小但仍須自己控制的冰上曲棍球電動輪椅。設立高中生陪伴制度，讓身心障有更多談心者，一同外出享受生活。

在芬蘭，機構最美麗的裝飾可能全在天花板而非牆壁，因為有些人頸部無法自己旋轉，視線始終斜角向上。還有許多水中行走等活動場所，讓所有身心障輪椅也可直接進泳池，再由大學生陪同享受游泳放鬆。

在丹麥，每到週日有住民被帶到教堂門口，執行歡迎信徒做禮拜的揮手問候工作。失智者得到玫瑰花、石塊、吹泡沫、搭配彈奏與演唱音樂等各種預先設計好隱喻的活動，被激勵心靈。身心障還一起製作中國燈籠，認識文化。

除以上三種思考，還有一重要觀念，就是以信仰為根基，確保當事人常感覺到他的生命是被欣賞的。失能又老化的生命處於繼續失去的過程，但生命仍有其與生俱來的尊嚴。生命感覺到被欣賞，是活下去的基本需要。若將生命被欣賞的理由根基於隨時可能失去的元素，自然很不可測。

生命穩定的被欣賞可來自信仰相關的宗教活動。在北歐國家，一方面與百年前相比，已逐漸世俗化，而且多種移民、難民來此，文化多樣性日增。然而，基督教信仰明確界定人的價值無關財富、地位、外表與生理功能。人的價值乃在人是上帝按著上帝的形象所造，而且被創造者所珍惜，這個珍惜是永恆的。

一次次的宗教活動即透過詩歌、《聖經》與相關各種媒介，再次確認此一無條件被顧念的觀點。若在非基督教文化之社會，亦須要面對生命必須感受到被欣賞的課題而找出方式，可能來自定期友善的互動，可能有其他方式。

▼ 重視身心障照顧取決人觀。（圖為芬蘭教會聖餐禮拜，提醒人到底人的價值建立在哪裡以及應怎樣對待別人）

由以上觀點來看老化中的身心障者，即使專業照顧者未受過深入的醫學訓練，也不至於全然無概念要如何提供服務，以及感覺需要尋找何種資源來支援服務。這或許是除了用生理、心理、認知等指標評量人的功能，再分別給予對應的服務，更能整體的看到何謂服務的照顧入門方式。如此開放性、原則性的服務入門方式，並不忽略生理、心理和認知等指標的對應服務。

因為上述原則提供了對人的看法，或稱「人觀」。有清楚的人觀，就能有觀察的方向，分辨別人的需要，以及何謂客觀以及被照顧者「看為好」的生活。這樣更跨越失能外表的「簾幕」或「濾網」，透過物質與精神的支持，最大程度維繫人的尊嚴。

老年心境調適

58 老化失落維繫價值之道

英國有本書《六十歲不是罪惡》（*It's no sin to be sixty*）探討許多老年心境與自處之道，其中有一短篇特別提老後如何維繫自尊（self esteem），原因在老年是一個要不斷面對失去的歷程。失去年輕的活力，失去行動自如、視力、腦力。有的人家族有其他同輩的失智，他還沒，也因擔心而提早感到好像隨時要失智。還有許多周圍在年輕時引以維繫自尊的物品、位分等。愛的書要扔掉、收藏的物品無力再維持，不止如此，更重要的還有家人親友一一離去。

以前臺灣有位政要過世，晚輩的紀念文居然恭賀他沒死得很晚。原來，寫的人有個與政要的共同好友，因為很老才離世，幾乎同輩的都凋零而在晚年非常孤寂。當然也有少數樂觀的人，有位曾住高雄眷村的長輩快一百歲回到老地方懷舊，十足的景物依舊人事全非，想看的朋友一個也沒有了，苦笑說：「我是外星人」。

這的確是個重要可是難解可能導致過度沮喪而被輕忽的問題，相似的看法也在挪威退休準備學校和愛爾蘭退休準備學校課程被優先提及。挪威退休準備學校校長就以自身例子說，退休了沒有身分，沒有同事問好，好在孫女跑回來一把抱住他說「爺爺我愛你」，頓時溫馨湧上心頭都是滿足。

類似的看法最近又被提出，芬蘭國際知名的老年精神醫學教授海莉，專門從事老年生活滿意因子研究，她提醒人若將自尊建立在容易失去變化的周邊資源，對老年心理健康是很大的風險，因為實際上真實生活就是一連串失去這些外在資源的過程。

那究竟怎樣覺察這種情緒沮喪和價值低落風險，能夠更安身立命呢？挪威學校校長建議要在退休時留意這個問題，找到替補的滿足資源，當志工、來自子女等等。那本英國著作和芬蘭的海莉教授則建議，信仰很重要。這兩位都是基督徒，他們認為把自己的價值建立在屬於上帝，從回顧上帝對自己一生的作為和如今同在而不斷感謝很重要，也不受外在物質變動影響。另外，基於信仰，繼續透過讀《聖經》為自己和別人祈禱盡信徒本分，也很重要。

信仰人人不同，人人有信仰自由。不管讀者信什麼，大概不難理解以上幾位的觀點，因為他們所指陳的老年生活歷程是事實。

這些是學者專家的原則建議，在真實生活中也有支持這種看法的活生生例子。不久前，我去拜訪恆春基督教醫院首任護理主任，已八十六歲的任蒂，她失智了。甚至在輕度失智時巡迴社區幫助重度失智者生活，目前更嚴重所以住在機構，但很有平安，情緒穩定。在一陣互動後慢慢的能用語言清楚溝通，很明確的說「從上帝來的喜樂是她的力量」，這話源自《聖經》尼西米記。

▼ 即使失智仍保有許多程序記憶而可以享受生產活動。
（圖為丹麥失智日照中心老人以鋸子等工具製造鳥屋）

另一位八十七歲的荷蘭先生漢斯也重度失智。大女兒來看他，他也問妳是誰？一群失智老人團體活動唸詩，輪到他，不知道怎麼接，冒出來一句「我太太是世界最棒的女人」！逗得大家笑而太太感動。他的情緒也比一般一樣嚴重病情的人穩定得多，很難進行如常人連續的言語表達，可是卻能非常清楚的與任蒂女士說完全一樣的話「從上帝來的喜樂是他的力量」。而且若旁人提幾個字，他能夠完全正確的接下去完成。

這是他們心裡的信念！真正內化沒有丟掉的信念。他們都失智，可是他們依然掌握這句話。當他們說的時候，與記不得訪客的困惑眼神不一樣。他們說這話的時候，面容很平靜有平安。雖然連認知能力都退化，雖然因可能分不清方向，不能自由行走如常，可是無損這些話激勵支持他們面對表達和思考越來越艱困的挫折。

還有兩位活到一百零三歲才去世的芬蘭朋友，一位女士一位先生，他們到很老的時候已經很難起身，因為太老了。可是仍然帶有笑容。他們常為別人祈禱，勉勵支持照顧他們的人。這和滿口哀怨是截然不同的床邊氛圍。

《聖經》說，要積財寶在天上，因為地上的一切會朽壞。以色列有個地方叫凱撒利亞，如今是斷垣殘壁，靠虛線圖展示原貌供人憑弔，其實古時很熱鬧輝煌。每次導遊介紹豐富史實，到結論常說，這名勝古蹟給世人最大的遺產，就是傳達後人，世間沒有任何永恆的東西。

綜觀以上，也如《六十歲不是罪惡》一書所說，一次次失落，其實是很大的內在挑戰。因為我們與人、與物的互動，讓我們感覺到我們是誰、我們的歸屬、我們被愛等。把這些這麼重要的價值建立於外在元素，顯然非常不可靠。上面幾位人物是建立在信仰。那您呢？

59 避免老人打架

在醫學中心清潔服務團隊，有兩位老年工作者打架，讓管理單位頭痛。說老人，的確算老。這個清潔公司平均年齡六十五歲，也就是很多超過七十歲。打架起於工作時不滿對方說話口氣和聲音，於是越吵越激烈，放下掃具打起來。據管理公司說，高齡就業發生這種事已經幾回了。

世間打架不少，常說是年輕人衝動。但高齡社會來了，老人圈也屢傳暴力相向。值得注意的是許多老人禁不起摔，一扭打不平衡很可能發生嚴重後果。說起來，老了見過世面，怎會容易動粗呢？事實不然。

多年前，在榮民之家，也有多起打架事件，甚至拿刀殺人的。有些是妄想，也有搶空間器材引起。要以成見說他們教育水平不高或軍人背景所以如此？未必。國內頂尖大學醫學院也發生過兩位七十幾歲的教授，因為爭執研究計畫就在醫學院研究室走廊穿白袍扭打，讓學生路過只能私嘆「搞什麼東西」，留下求學印象深刻的一幕。

只有老男人打架？非也。在一個安養機構失智區，兩位老太太打起來被勸開。因為吃飯時，一位不喜歡菜盤的一種菜就撿出來放在飯桌。方桌對角的另一位老太太覺得這太浪費了看不下去。於是你丟我撿，重複幾回，已經無法清楚表達，也打起來。

還有一個安養機構，失智和安養混住。一位車禍腦傷性格可能有些改變而下半身不能動的四十四歲男子，每天下午點心時間會被推到餐桌。對面坐一位老太太可能失智，會不斷喊叫失火了。聲音和重複，惹毛這位男子，又不能移動自己，於是遠距打架，除出粗言罵人，還要拿餐具扔她。

還有一種是家庭夫妻。例如出於關愛甚至控制，一方要另一方少吃某些食物，讓很想吃的另一方不滿，這也可以引起口角和暴力。因為兒女不在和以後少子化，這類衝突即使發生，也都是在自宅，不容易及時處理。

只有年輕人衝動控制不住自己？其實人年歲稍長，許多人不願再勉強自己忍耐別人，情緒調控機能也會因老化而改變。還有些人（包括失智者）非常不喜歡聽到某些聲音。更不用說，原本個性不合，因為都要工作謀生，被持續密集放在封閉而環境惡劣的工作場所，得容忍大聲嚷嚷的夥伴。

至於真的確診失智，就更得留意。光是空間「領土」被侵犯而無安全感就可以造成暴力相向。以臺灣和若干國家一個空間有過多失智者，就隱藏這種風險。

目前國際間越來越多人重視老人暴力問題，以往的焦點在照顧者對被照顧者施暴。但老人和老人之間，如何容易引起相互暴力相向，是另一個規劃照顧空間和互動方式，甚至居家服務，可以思考的範圍。

60 從「玩到掛」思想老年價值觀

《一路玩到掛》是電影的名字。意思是拋開煩惱，想做什麼就做什麼，一直到離世，能了無遺憾，得到所有享受經驗的樂趣。

在長期照顧與預防延緩失能的研討會，主講靈性照顧的專家提到，人生要如何把握機會做想做的事，可以提升生活滿意度。由於講者主張要把握時機享受人生，所以提問時間真的有人認真地向靈性照顧專家問這個問題，另外，也有人問安樂死，以及討論臥床和疼痛問題。

有趣的是負責回應的專家說，她自己並不打算一路玩到掛。她說她是基督徒，她的生活觀想要一直服務別人到離世。

由於這是認真討論的場合，加上這位回應的專家先前演講也很認真的分析靈性照顧深入淺出，所以當她這樣回答，現場上百人沒有人覺得這是敷衍或遙遠的高調。這個回答雖非震驚全場，也沒翻轉什麼，但真的引起大家很不一樣的思考和心情轉折。因為這的確是個價值選擇題，值得大家邁向老年，甚至老了之前就很值得想想。因為怎麼想？決定怎麼活？也影響失能甚至失智時，怎麼因應？怎麼繼續活？

還記得曾得過醫療奉獻獎的恆春基督教醫院芬蘭護理師馬立娜退休要回芬蘭，因為媽媽九十七歲了。馬立娜在母親過世時，曾說媽媽其實到快一百歲時，沒有重病，可是太老了，老到無法坐著，就長期躺著。但卻非常活躍地和進進出出當班的護理師互動，為他們祝福禱告，感謝他們來照顧，影響許多護理師和整個機構的照顧氛圍。這位母親在年輕時，鼓勵她的三位女兒不需要因媽媽爸爸而留在芬蘭，應到遙遠的臺灣來服務。

馬立娜晚年帕金森很嚴重，也因長年在臺灣抱病人而腰痛不已，但仍然在安養機構服務比她更嚴重的人，並以《聖經》勉勵年輕照顧者「你要囑咐那些今世富足的人，不要自高，也不要倚靠無定的錢財，只要倚靠那厚賜百物給我們的神。又要囑咐他們行善，在好事上富足，甘心施捨樂意供給（體貼）人」。她認為這就是積存老年生命喜樂平安的根基。

另一位比馬立娜更早來臺灣的恆春基督教醫院第一任護理主任任蒂，在我寫這篇文章時已八十六歲。前一年她已失智，但我去芬蘭東部拜訪她時沒碰到，因為那天她在社區忙著到別的失智老人家裡去服務，那裡還有比她更嚴重的。又隔了一年，她失智比較嚴重而搬家住到機構，我才有機會遇見她。

還有位過世不久，長於靈性照顧的芬蘭老先生白光明，直到一百零二歲以後太老老到站不起來，之前經常一早起來，打電話唱歌問候其他住在家裡的失智老人。白先生曾告訴我，雖然唱的歌常常一樣，但老人們喜歡聽。後來我研習失智更瞭解，這是真的，隨著年紀漸長，新的記憶淺層細胞記不住，但很老的老人卻可能記得早年的音樂，就如同保存於一層層底層的記憶細胞。

這三位前輩都是長照專家，他們比本文首段研討會回應的心理專家要年長四十歲。那心理專家說要服務人到離世，在表達她的心願。但馬立娜母親與任蒂兩位則是已經活出來，見證了她們年輕時的立志選擇。她們沒說立志「一路玩到掛」，而是活出另一種豐富充實的生命。

許多人真的想「一路玩到掛」。但有人發現一退休去玩三個月就受不了了，大家都不希望有壓力。或許「一路玩到掛」也要詮釋，看看有多少種意思。如果就是字面的意思，那就是退休到離世，到處去玩，去快樂吃喝，還管人生的明天怎樣。現在臺灣年輕人太

▶老年也可以選擇多服務別人來圓滿生命意義。（圖為九十歲的挪威畢嘉士醫師持拐杖陪同老人去活動中心）

少，提早退休的人很多。要是多數退休者真的都這樣想，又拿年金和長照補助，社會會怎樣？也是許多人做了輕鬆選擇下的嚴肅課題。

北歐物質水平高，老人生活品質的確有一部分人比臺灣優渥。除了制度要人早年就盡義務存年金繳稅，另一重要原因是很多人如臺灣這位回應不打算「一路玩到掛」的靈性照顧專家一樣，從年輕就選擇要「一路服務人到掛」。他們一路有喜樂平安。打算「一路玩到掛」的人，是否也一路充滿平安喜樂？他們到底要什麼樣的老年？

在這場討論如何「一路服務人到掛」的研討會，後來有其他與會專家認為，從「一路服務人到掛」開啟的話題，倒是真可以好好想想，究竟邁向老年的人生價值選擇是什麼？如果真正在意的，其實是「一路平安喜樂到掛」，那就要問如何一路平安喜樂到掛？更可以想想，要不要考慮自己還能為別人做什麼？

61 讓老人高興不難

我們教會領聖餐是要走到聖壇前跪著。通常只有音樂，大家安靜魚貫前行，然後等神職人員發聖餐給祝福的言語。通常一走到臺前，找一排跪墊的空位，跪著就安靜等候。這在教會的教育，也是默想的時候，體察自己的不完全，然後領上帝的身體和祝福。

不久以前，預期如上的神聖安靜時刻，我已在聖壇前，本來一旁是空著，忽然「撲通」！有位女士也跪著，而且還拱我，把我嚇一跳。原來是教會的一位長輩女士，她當日負責中午愛宴，穿著圍裙匆匆從廚房跑來。她對我眨眨眼，一副和我很有默契甚至有點草根江湖味的眼神說，「喂，今天有魚喔」。原來，她知道我喜歡吃魚。尤其是每次在教會愛宴的煎魚。她很會買魚、煎魚，知道我喜歡吃她的料理，因此特別通報一下。

我從未在領聖餐遇見這樣的經驗。後來想想，我們愛，因為上帝先愛我們。就是因為在教會，才會有她在我身邊。聖餐是恩典，她煎魚也是恩典。

後來幾次，我在愛宴吃魚她跑來看。我沒想到，吃她煎的魚，也可以讓她這樣高興。

這事情讓我想到，要讓長輩高興有時並不非常難。在日常生活，我們願意給和願意接受，都可能帶給長輩快樂（其實她不知道我曾在其他會友前，模仿她要去廚房的動作，因為只要她煮愛宴，我就高興又有很多便宜又好吃的魚）。

記得二〇〇九年，有幸在挪威到前埔里基督教醫院醫師紀歐惠家中。她已臥床無法起身，或者說奄奄一息不為過，第二年她就過世。那次我去看她，在床前，她輕聲的說：「我曾在臺灣為了救一個人做人工呼吸，那時就靠人工呼吸，我們不放棄，大家接力一起做了十五個小時，後來終於救回來」。我在床前聽，她接著說：「可是我現在沒有辦法再這樣做了」。我看著她，她微笑。其實我什麼也沒做，只是專注的看著她，聽著她說話，分享一個她告訴我，我從來不知道的故事。她很高興有人聽，而且也有一位後輩知道以前的故事。

最近我從高雄到臺中看一位四十五年沒見的長輩。因為他的兒子是知名的失智照顧醫師，曾和我提起，我才知道原來他父親是我的長輩。我到這長輩家，他說：「知道我在這裡，打電話就可以了，不用來啦」。但後來又很認真的說：「謝謝你，還看得起我」。我內心有一點錯愕。但想想，他曾任要職，退休後雖有登山社團，但在社團中他就是位老人，

▼ 瞭解老人生活背景與文化往往不難創造幸福感降低寂寞。
（圖為金門老人進行傳統活動中秋博狀元餅）

也很久不像當年位分時熱鬧了。我出現與他談話，讓他回到以前風光的時候。然後他又開始以深沉的眼神說：「孩子怎能瞭解父母的心」。我好奇這又是什麼意思。原來，他很希望孩子回家看他。但孩子也忙，只有掃墓回來，平時在家就是二老。後來我告別出門，他一直送，走出家門，我都上車了，他還不肯離開，一直看著我。

在芬蘭，新一代的長期照顧訓練，教練告訴照顧者，在每日例行與老人相處和照顧老人過程中，往往有些很小也不花錢也不需要用很多精力時間的作為，可以讓老人好過一些。若我們理解這原則，透過事前規劃或預留這種機會的空間，很能增進長輩生活幸福感。

從上面的幾個例子，其實我們並不見得都是付出，有時只是樂意接受，就能讓長輩開心。事實上許多長輩活到一大把年紀，除非一直在乎一些特定的喜好，不然好吃、好看、好玩的人生已經歷過不少。所要的，往往是有人聽，有人看著他們，有人接受他們還能給的。所以以前有人說，長輩要的不多。這是當今長照以及和老人相處不斷有負面新聞時，可讓我們想想的，什麼小事能讓長輩開心？他們真正的需要是什麼？

62 回憶是長者最重要資產

人老了，會經驗到失去再失去。有什麼是可以繼續伴隨，較難奪走，又能增加生活意義的呢？芬蘭 Kuopio 大學國際知名的老年精神醫學教授 Heli Koivumaa 研究這個群體的生活滿意因子看到，一個是信仰，另一個是回憶。看我們如何善用回憶。其實，在有些老人照顧的書籍也提到，善用回憶對維繫甚至開發幸福感與生活意義很重要。回憶，甚至超越聚焦目前的困境，這倒不是逃避，而是一種存在和價值。

以下幾個例子，都是最近陪同居家護理親身經驗的。一位六十六歲的退休航空公司服務女士，是幾個兄弟姊妹唯一留在臺灣的，負責照顧九十四歲近盲、失智臥床的媽媽。這位照顧者很辛苦，也無法再出遠門，其實她也沒興趣再搭十幾個小時的飛機，屋裡堆了各種媽媽需要的居家照顧備品，這就是女士每天的生活。然而，我聽到她與看護用英語交談極為流利，還當居家護理師的翻譯。就稍微聊一下，才知她過去的服務行業。我表示敬意和興趣，問起她如何面對奧客，她很有心得，一聊，開始說更多。回憶還沒結婚剛入行時，航空公司颱風天要上班又忙，要確保大家來上班的安全，於是在機場旁租了飯店給他們住。有吃有玩，女同事大家甚至三更半夜都還不睡，惹得旅館來勸說。現在想來也是回味，說著就眉開。

一位一百零一歲的長輩很健康，曾在警界服務。照顧九十七歲的妻子，失智，吃藥很不容易。先生不放棄。想起年輕時兩人喜歡喝兩杯，而且快樂回憶在乾杯。所以，太太不肯吃藥，他就拿起酒杯，太太的杯子有預備好藥。然後，他邀太太乾杯，太太雖然失智，可是看著他乾杯也就對飲，就這樣好幾年如此，彼此還是愉快。這位太太覺得有安全感，看到居家護理師來，問她下次要不要派可愛的男生治療師來幫忙，她還會消遣開護理師的玩笑。指著先生說：「我，只忠於這一個男人。哪像你們現在，街上只要看到帥的男人就會衝過去，以前是不可能的」。

一位退役將軍，不再有那麼多人逢迎拍馬前呼後擁甚為寂寞。他曾在軍中遇重大傷亡事故、部隊士氣低落時，承接領導訓練，努力改善，讓部隊更安全有效能。現在退役了，只要一談起這段故事，眼睛馬上發亮起來。這個故事也確實有許多怎麼思考問題，怎麼突破跨軍種的溝通，來達成換修零件的經驗。以前的笑話說軍人退伍還要批菜單，這位沒有，可是將軍退伍有訪客來，無奈的說「現在什麼都要自己來啦」確是真的。和人說當年勇，至少也是療癒。

一位退休的工程師八十六歲了，現在與太太在家，夫婦還會定期從臺中去溪頭散步，但太太摔過，所以每天也難免擔心。朋友來訪，談起年輕時負責國家水利工作，每到颱風，先生就要出門，去大橋看水位。大地震後，大家忙救災，他又要出門，因為所有農田灌溉系統必須盡快恢復，不然農作會有困境。當時要有智慧勇氣急調多個單位協同處理，終於維持臺灣生產傷害最低。這些都不一定被廣為周知，可是有人提起，他們很自豪，而且回味無窮。因為這是一同走過，更回味那個不計代價，忠於職守的社會價值歲月。後來，夫妻把這些故事製作成冊，分給兒孫每家一本。

不久前到日本看高齡與超高齡再就業，有不少初老者為照顧父母離職，父母過世後重返職場。這回選擇從事長照，別人認為照顧得不夠嗎？或者不休息嗎？而這位照顧者在銀髮職訓媒合中心表示，將自己照顧失能家人的經驗甚至傷痛回憶，轉化用來幫助、鼓勵、支持其他正在面對照顧離職或者不知道怎麼辦的家屬與老人，是非常光榮有意義的服務。所以，過去離開職場表面上看似失去薪水、失去職場職位的存在價值，但其照顧歷程現在卻因投入長照而非常有用。

目前臺灣已經逐漸瞭解懷舊照顧重要，其實不必等失能失智，回憶就有很多用處，可以用於鼓勵自己、用於幫助別人、用於開玩笑、用於分享傳承，甚至用於重返職場。回憶，可以有無限種用途。

遺品處理

63 日本遺品處理業臺灣可行否？

高齡社會，許多人談可能衍生的各種新行業。日本有個遺品處理業，起源高齡少子社會。許多人死了，兒女無力處理遺物，或者孤獨死，政府要找人協助處理。還有些是老人到晚年可能因失智或別的原因，大量收集垃圾、物品堆在家裡，沒死別人管不著，死了，成為鄰居噩夢，這也得有人處理。所以業者常標榜自己是對社會有貢獻的服務業，對解決社會問題有幫助。

如果你在臺灣，想像你家長輩有很多值錢的遺物，要是你沒空處理，請遺品處理業者來，你認為可以回收一些錢，那結果可能會失望。因為除非公認極其貴重的遺物，如知名古董，那業者可能協調古董業者來估價，或是黃金馬桶，可能找金飾業者來估價，其他的一般用品，如家電，他們通常看到兩年內生產的電器可能折點錢，其他是他們來點收載走，都是你要付錢。例如大沙發，當年你家可能花很多錢買，但遺品處理業告訴你，小沙發比較好轉賣，大沙發比較少家庭擺得下，而且處理業者還得用大空間擺放或直接載走丟棄。

聽起來很生氣，不以為然嗎？那要不你自己處理掉，你搬得動嗎？就在這種情形下，可能你家沙發是檜木的，在業者眼中就是塊要運走的木頭。至少他們這樣估價和告訴你。可能更讓你生氣的，這種行業有的還以服務品質自居而告訴你，他們評估收走所需要的搬運價錢不可議價。當然，你可以比價。

通常會找這種行業來處理的，除晚輩沒空、沒力氣處理外，還有房東遇見房客離世了，這些顧客會希望，誰答應來處理就快快處理。遺品業者真的那麼高效能，都可以說到做到嗎？這個外人不用為業者煩惱。因為這種行業和清運業合作密切，有的根本就是垃圾處理業兼職或加值經營。通常一間一般臺灣小家庭的客廳，遺品業者進來點收評估，大約四十五分鐘可以評估完，告訴你，他們需要幾輛卡車來載走。因為已經累積經驗，加上不難賺，所以快得很。也因為這樣東點西點幾乎穩賺不賠，所以同業越來越參差不齊，例如要價很低，但處理起來不乾淨或碰壞沒要搬走的，或者說的未必做得到。後來有同業公會實施證照制度，來分別專業與非專業。由於老人多，殯葬業發達，有些在殯葬業有經驗的人，帶著很懂家屬的心為優勢來轉行投入遺品業。即使如此，以上做法仍不是毫無爭議。

遺品處理業拿了各種遺物去哪裡？日本另有蓬勃的二手商店。不是小小的，可以如大賣場（挪威也有那麼大的，但用於募集海外醫療社會服務基金，所以有很多是還活著的人捐的）。衣服、洋酒、樂器、健身器材、日常用品、名貴皮包甚至槍枝（真槍但無法擊發）、五金工具。用臺語說，真是「什麼死人骨頭都有」。不難看到是遺品處理業轉來的，但為了顧客安全和無忌諱，都整理過，也都消毒過，所以看不出是誰家的，這在日本算有認真處理。看看價錢，衣物比較便宜，但其他用品還是有臺幣數萬以上的，這就可見賺多少。

總的來看，這是許多行業搭配的一種產業鏈。因為點收、回收、整理、各類品項估價、包裝、物流，都需要不同行業。以一個日本鄉鎮為例，十四萬人口有二十位合格遺品處理士分散在三家業者工作。要是照這種比例粗算，一個臺北市將有數百或上千位遺品處理士不奇怪。這應該已夠成行業了吧？何況全臺這樣多縣市。當然也不排除以後有連鎖店。

▼ 業者四處評估要多少錢運走以及還需要給客戶回饋金否。
（圖為日本遺品業到宅服務）

臺灣正在快速高齡少子。現在戰後嬰兒潮的人老了，他們父母有不少活得久，自己活得久，兒女也活得久，有可能出現父母九十多歲，要是長輩很老過世，可能兒女也七十多歲甚至八十歲了。還有的兒女比父母先衰，這叫兒女怎麼有力氣去搬家呢？而且在外地或去他國工作的人不少，要花多少時間、力氣回來處理？下一步是什麼？請孫輩先把值錢的拿走，有可能嗎？那還要看孫輩有沒有興趣，有沒有時間？這就是社會現實。

因此，臺灣會不會有這種遺品處理業呢？除非政府環保局來發展，成為公家「做莊」，不然很可能民間會有。但你信任臺灣的遺品處理業嗎？或者你想開遺品業公司？甚至發展遺品物流集團複合產業？或者有遺品處理學校？遺品處理系？或什麼科系裡有遺品處理組？還是遺品學程？或者成為高齡者的新行業？因為高齡者更熟悉日常用品，搭配年輕人搬運，這還真是代間合作。

臺灣若有遺品處理業要如何降爭議？如何面對文化差異？如何讓制度更完善？這些都可以盡早討論實驗。